ALBUM

DE

MÉCANIQUE

PRINCIPES ÉLÉMENTAIRES

ET

APPLICATIONS A LA CONSTRUCTION DES MACHINES

PAR PERROT

INGÉNIEUR

PARIS

CHEZ BERNARD, ÉDITEUR

RUE DES GRANDS-AUGUSTINS, 1

1859

PARIS. — IMPRIMERIE DE L. MARTINET, RUE MIGNON, 2.

C.

AVIS DE L'ÉDITEUR.

Les Machines mécaniques sont toutes composées des mêmes éléments diversement disposés et combinés, ce sont ces éléments que nous avons voulu présenter dans notre Album, en les mettant à la portée de ceux qui, sans avoir une étude spéciale des forces et des mouvements mécaniques, peuvent cependant avoir besoin de les connaître pour comprendre l'organisation des machines qu'ils ont sous les yeux, ou même pour en construire de nouvelles de leur invention.

A la suite de l'exposé des principes, on trouvera un grand nombre de leurs applications aux machines les plus utiles et les plus usuelles, qui en feront mieux connaître l'emploi et les combinaisons.

Les planches de cet ouvrage pourront encore servir de modèle pour le tracé des machines et d'exercice utile à ceux qui étudient le dessin linéaire.

TABLE DES MACHINES

DÉCRITES ET FIGURÉES DANS CET OUVRAGE.

PRINCIPES.

La Mécanique est la science qui traite de l'action des *forces* sur les *corps*.

La statique est la partie de la mécanique qui traite des conditions de l'*équilibre* des forces, ou des corps en repos.

La dynamique est la partie de la mécanique qui traite du mouvement des corps.

La *résultante* est une force qui peut produire le même effet que plusieurs autres. Lorsque plusieurs forces se font équilibre, l'une d'elles est égale et directement opposée à la résultante de toutes les autres.

Un corps en *repos* est celui dont la position ne change pas.

Un corps en *mouvement* est celui qui occupe successivement diverses positions dans l'espace.

La *force* est la cause du mouvement.

La *vitesse* est le rapport de l'espace parcouru au temps qui a été nécessaire pour le parcourir. Lorsque le mouvement n'est pas uniforme, la vitesse est variable.

Un *corps* est l'assemblage d'une infinité de points matériels liés les uns aux autres par une force attractive à laquelle on donne le nom de *force de cohésion* :

Corps dur, celui qu'aucune force ne peut déformer ;

Corps mou, lorsque la plus petite force suffit pour le briser ;

Corps élastique, lorsque, après avoir été déformé, il possède en lui-même une force répulsive du ressort qui lui fait reprendre sa première forme.

Dans un système de forces en équilibre, l'une d'elles est égale et directement opposée à la résultante de toutes les autres, il faut commencer à réduire au moindre nombre possible, et même à une résultante unique, si faire se peut, les forces qui sollicitent un corps.

Si deux forces parallèles MN (pl. 1, fig. 1), dirigées dans le même sens, sont appliquées aux extrémités d'une droite inflexible AB, le point d'application C de la résultante D, partage AB dans la raison réciproque de MN, et on a : M est à N comme CA est à CB, et la résultante D est égale à la somme des deux forces M et N.

Ainsi les droites AM, BN représentent les intensités des forces M et N. Pour trouver le point d'application à laquelle on prolonger NB d'une quantité BN' égale à AM, de prendre AM' égale à BN et de tirer N' N', qui coupera AB au point cherché.

Si l'on substitue à la force D une force égale D' opposée, les trois forces MND' seront en équilibre. Ainsi, pour déterminer le point d'application B de la résultante N de deux forces M et D' qui tirent en sens contraire, il faut prendre le point B de telle sorte que l'on ait : D' est à M comme AB est à BC.

La résultante C de deux forces AB (fig. 2), appliquée à un même point D, est représentée en grandeur et en direction par la diagonale DE du parallélogramme DEFG, construit sur les lignes DG et DF, qui représentent ce parallélogramme en grandeur et en direction.

On peut toujours décomposer une force C en deux autres AB agissant suivant des directions données. Il suffit pour cela de construire le parallélogramme DGEF en partant du point C.

Lorsque trois forces appliquées à un point dans l'espace ne sont pas situées dans un même plan, leur résultante est représentée par la diagonale du parallélépipède construit sur les droites qui représentent ces forces en grandeur et en direction.

On peut donc, par des constructions successives de parallélépipèdes ou même de parallélogrammes, obtenir la résultante d'un nombre quelconque de forces appliquées, dans l'espace, à un même point.

Réciproquement, une force est toujours décomposable en trois autres respectivement parallèles à trois lignes données dans l'espace, pourvu que deux de celles-ci ne soient pas parallèles.

Si les trois composantes sont rectangulaires entre elles, la valeur de la résultante estimée suivant chacune des composantes est égale à cette résultante multipliée par le cosinus de l'angle qu'elle fait avec la composante.

Tant de forces qu'on voudra, appliquées d'une manière quelconque à un corps, peuvent toujours se réduire à une seule force et à un couple unique, lesquels sont en général situés dans des plans différents. Quand de trois forces il n'y en a tout au plus que deux qui soient situées dans un même plan, il est toujours possible de rendre ces trois forces réductibles en une seule, sans rien changer à leurs directions dans l'espace.

La *pesanteur* ou *gravité* est la force qui fait naturellement descendre un corps vers le centre de la terre, lorsqu'il est abandonné à lui-même. Elle exerce son action sur toutes les molécules des corps et se fait sentir également à chacune d'elles.

Le point unique par lequel passe toujours la direction du poids porte le nom de *centre de gravité*.

Si le centre de gravité est fixe, le corps auquel il appartient demeure en équilibre dans toutes les positions.

Pour avoir égard à la pesanteur, dans toutes les questions de mécanique, il suffit de considérer chaque corps comme réduit à son centre de gravité, qu'on supposera sollicité par une force égale et parallèle à son poids. Il ne s'agit donc que de savoir déterminer les centres de gravité des divers corps ou assemblages de corps qui peuvent se présenter. Cette détermination peut être opérée très simplement pour un grand nombre de corps de forme régulière, lorsqu'on les suppose homogènes, c'est-à-dire composés de molécules également réparties.

Ainsi le centre de gravité C (fig. 3), de l'aire d'un triangle est la rencontre des trois droites qui joignent les sommets aux milieux des côtés opposés.

Pour trouver le centre de gravité d'un trapèze ABCD (fig. 4) prolonger AB vers E de la longueur CD, prolonger DC vers F de la longueur AB, joindre FE par une droite, tracer GH par le milieu des deux bases du trapèze, le point I sera le centre de gravité de la figure.

Le centre de gravité d'une pyramide triangulaire est le point de rencontre des quatre droites qui joignent les sommets au centre de gravité des bases opposées.

Le centre de gravité d'une pyramide à base quelconque ou d'un cône est sur la droite .

menée du sommet au centre de gravité de la base, au quart de cette ligne, à partir de la base.

Ce qui précède, s'applique à la recherche du centre de gravité d'un polygone ou d'un polyèdre quelconque.

Pour déterminer expérimentalement le centre de gravité d'un corps, on peut le porter en équilibre sur un fil tendu horizontalement AB (fig. 5), le placer ensuite dans une direction CD, le point d'intersection E sera le centre de gravité.

Un corps ne peut être en *équilibre* qu'autant que la verticale menée par son centre de gravité passe par un point fixe dans le système.

L'*équilibre* n'est *stable* que si le centre de gravité est au-dessous du point d'appui; il est *instable* dans le cas contraire.

Le centre de gravité d'une pièce de bois plus grosse d'un bout que de l'autre (fig. 6) n'est pas au point A, milieu de sa longueur, mais au point B qui partage son poids en deux parties égales.

Il y a toujours avantage à placer le centre de gravité le plus bas possible pour obtenir une plus grande stabilité. Si le centre de gravité d'une voiture chargée A (fig. 7) est très élevé, cette voiture versera sur une pente où se maintiendra celle dont le centre de gravité est en B (fig. 8).

En général, si la ligne de direction tombe en dehors de la base du corps (fig. 7) ce corps tombera; si, au contraire, la ligne de direction reste en dedans de la base, il se maintiendra debout (fig. 8).

Un homme qui porte un fardeau sur ses épaules, s'incline en avant pour n'être pas entraîné en arrière par le poids qu'il porte (fig. 9). Une femme enceinte est obligée, au contraire, de rejeter le corps en arrière (fig. 10). Celui qui porte une charge sur sa tête a soin de se tenir aussi droit que possible (fig. 11).

Le piéton qui gravit une colline penche son corps en avant (fig. 12); il renverse, par la même raison, son corps en arrière s'il descend (fig. 13). Dans l'un et l'autre cas, il cherche à maintenir, dans l'intervalle des points d'appuis, la verticale passant par son centre de gravité.

Le centre de gravité d'un homme bien proportionné, qui se tient debout et immobile, se trouve ordinairement dans l'intérieur de son corps, à peu près à la hauteur du nombril.

La connaissance des lois du mouvement est indispensable pour l'application des forces mécaniques.

1° Un corps en mouvement ne quitte jamais la ligne de sa direction sans une cause perturbatrice. Ainsi lorsqu'un corps se meut suivant une ligne courbe, c'est qu'il obéit au moins à deux forces.

Tout corps est soumis à la force d'attraction, à la résistance de l'air et à l'action du frottement.

2° Tout mouvement, ou changement de mouvement, est en proportion de la force imprimée dans la direction de cette force. Ainsi un corps en mouvement qui reçoit une nouvelle impulsion en suivant la direction qu'il suit déjà, sera augmenté de vitesse dans la même direction. Si cette impulsion est en sens contraire, elle en sera diminuée d'autant; enfin, si la force perturbatrice agit à l'égard de l'autre en sens oblique, sa proportion sera une direction intermédiaire entre les deux forces. Soit un corps en mouvement dans une direction AB, fig. 14, et qu'une force égale le pousse dans une direction BD, ce

corps suivra une nouvelle direction AD. Quand les deux forces sont inégales, la nouvelle direction ne sera plus un carré, mais un parallélogramme.

3° La somme de deux forces agissant simultanément sur un corps n'est pas aussi grande que si elles agissaient séparément; dans ce dernier cas, elles seraient égales à AB plus BD, tandis que par leur action combinée, le mouvement est seulement égal à AD. Il y a donc perte de force toutes les fois qu'il y a combinaison de forces agissant sous des angles différents.

4° Dans toute action d'un corps sur un autre, il y a une réaction égale dans un sens contraire. Si deux billes d'ivoire semblables, AB, fig. 15, sont suspendues au point C par des fils, qu'on écarte la bille A de la perpendiculaire et qu'on la laisse retomber sur B, elle perdra son mouvement en le communiquant à B qui sera poussée vers D, à une distance égale à celle parcourue par A.

Si on suspend à des fils un nombre indéterminé de billes, de manière qu'elles se touchent, fig. 16, en éloignant la bille A une certaine distance, et la laissant retomber, la bille opposée I décrira, en sens contraire, un arc semblable à celui de la bille A, tandis que les billes intermédiaires resteront immobiles; mais si la masse de la bille A est plus considérable que celle de la bille I, les billes de B en I décriront un arc proportionnel à la différence de la masse des deux billes.

Un corps en mouvement qui en choque un autre de masse égale et en repos, communique à ce dernier une vitesse de moitié de sa vitesse primitive et en perd lui-même la moitié.

Si la bille A (fig. 17) frappe la bille B avec une vitesse de dix secondes par 10 centimètres, A donnera à B une vitesse de cinq secondes par 10 centimètres et en perdra autant par le choc. Mais si A avait une masse dix fois plus forte que B, le total serait onze, et B n'obtiendrait par le choc qu'un dixième du mouvement primitif de A.

Si deux masses inégales, ayant une vitesse dans une même direction, se choquent, la vitesse est le terme moyen des deux vitesses; donc si les billes AB sont d'une masse égale, mais que A ait une vitesse de 8 mètres par seconde, et B une vitesse de 2 mètres, la vitesse, après le choc, sera la moitié des deux vitesses, c'est-à-dire 5 mètres par seconde.

Les *machines* sont des instruments destinés à transmettre l'action des forces en la modifiant d'une manière conforme au but que l'on se propose. Ces modifications s'opèrent au moyen d'*obstacles* qui gênent les mouvements et le leur permettent de s'opérer que dans certaines conditions, ou du moins entre certaines limites.

Il y a trois sortes de *machines simples* :

1° Le *levier*, 2° le *tour*, 3° le *plan incliné*.

Dans le *levier*, l'obstacle est un point fixe autour duquel le corps a la liberté de tourner en tous sens.

Dans le *tour*, l'obstacle est une droite ou axe fixe autour duquel les différents points du corps ne peuvent tourner que sur des plans parallèles entre eux.

Dans le plan incliné, l'obstacle est un plan inébranlable contre lequel le corps s'appuie, et sur lequel il a la liberté de glisser ou de rouler.

Le *levier* est une barre rigide, d'une forme quelconque, mobile autour d'un point fixe, qui le partage en deux bras inégaux sollicités chacun par une force.

Quand le levier n'est sollicité que par deux forces, on peut considérer l'une d'elles comme la *puissance* qui tend à imprimer le mouvement à la machine, et l'autre comme la *résistance* ou l'effort qu'il faut vaincre. Il faut alors que la puissance et la résistance soient en sens inverse de leur distance au point d'appui.

Il y a trois genres de leviers faisant différentes fonctions du point d'appui à l'égard de la puissance et de la résistance.

Dans le premier genre (fig. 18), le point d'appui A est entre la puissance B et la résistance C, et la puissance B est d'autant plus énergique que le bras du levier AB a plus de longueur.

Dans le second genre (fig. 19), la résistance C est placée entre le point d'appui A et la puissance B, qui a aussi plus d'avantage à mesure que son bras CB augmente.

Dans le troisième genre (fig. 20), la puissance B se trouve entre le point d'appui A et la résistance C et elle a toujours alors du désavantage.

La pince (fig. 21), le plus simple des leviers du premier genre, sert à soulever des pierres ou d'autres fardeaux très lourds.

Les ciseaux, les tenailles sont formés de l'assemblage de deux leviers du premier genre; le point d'appui est le pivot sur lequel tournent les deux branches, la résistance est la substance que l'on veut couper ou serrer, qui remplace le poids, et la main remplit la fonction de la puissance.

La balance à deux plateaux est une application du levier du premier genre, ainsi que la romaine (fig. 23), dont les bras sont inégaux. A l'extrémité A est un plateau ou un crochet, à l'aide duquel on suspend le corps dont on veut savoir le poids; un poids déterminé C est mobile au moyen d'un anneau, de sorte qu'en le faisant glisser à une distance convenable du point d'appui B, il fait équilibre au poids du corps qui agit de l'autre côté.

Le peson (fig. 23) est un levier AA' sur le point d'appui duquel est fixé à angle droit une aiguille BC, dont le centre de gravité est D; lorsque l'on suspend un corps D à l'une des extrémités du levier, l'aiguille marque sur la graduation du quart du cercle EF le poids du corps D.

Le couperet (fig. 24) est un levier du second genre; le point d'appui est la charnière A; la résistance, la matière à couper B; et la puissance, le manche C.

Les rames d'un bateau jouent le rôle de levier du second ordre; le point d'appui est l'eau; la résistance, la masse du bateau appliquée au point où la rame s'appuie sur le bordage; la puissance est dans les bras du rameur.

Le tour est un cylindre dont les extrémités sont pourvues de tourillons qui reposent sur deux appuis fixes; la résistance à vaincre est appliquée à une corde qui s'enroule autour du cylindre, et la puissance qui le met en mouvement est une manivelle, ou une roue perpendiculaire à l'axe de ce cylindre (fig. 25 et 26).

Le tour est appelé treuil (fig. 27) lorsque son axe est horizontal; sa puissance augmente selon que la circonférence de la roue ou la longueur des leviers est plus grande que la circonférence du cylindre.

Ainsi, que le diamètre de la roue (fig. 26) soit dix fois égal à celle du cylindre, un seul kilogramme en A contre-balancera dix en B.

Le cabestan (pl. 2, fig. 28) est un tour dont le cylindre est vertical et qui a les mêmes propriétés que le treuil, mais qui, au lieu d'agir verticalement, agit horizontalement.

Le tour subit de nombreuses modifications et a une application très variée dans la construction des machines.

Roues d'engrenages, système dans lequel les tours sont rapprochés. Le cylindre du tour supérieur (fig. 29) est tangent à la roue du second; celui-ci tangent à la roue du troisième, et ainsi de suite. Le poids à enlever A agit sur l'arbre du tour inférieur. Les roues et les cylindres sont munis de dents également espacées, de manière que chaque roue ainsi dentée ne peut tourner sur son axe, sans que le cylindre, qui porte le nom de pignon, ne tourne en même temps sur le sien.

La condition d'équilibre est donc que la puissance soit à la résistance comme le produit des rayons des pignons est au produit des rayons des roues.

Le cric (fig. 30), qui se rapporte aussi au tour, se compose d'un pignon A qu'une puissance appliquée à une manivelle fait tourner, et qui agit sur une crémaillère B, ou barre dentée, mobile seulement dans le sens de sa longueur, et qui porte un fardeau dont le poids agit dans le même sens. Pour l'équilibre, il faut que le rapport de la puissance à la résistance soit égal à celui du rayon de la manivelle au rayon du pignon.

La poulie est une roue creusée dans sa circonférence et qui tourne autour d'un axe A (fig. 31) qui porte une chappe B, une partie CD de la poulie est enveloppée par une corde dont les extrémités sont tirées par les forces EF. Quand le crochet G de la chappe est fixe, les deux forces E et F doivent être égales pour qu'il y ait équilibre, et la charge de l'axe de la poulie est égale à l'une de ces forces multipliées par le rapport de la sous-tendante de l'arc embrassée par la corde, au rayon de la poulie. Si, au contraire, l'extrémité de la corde CE (fig. 32), au lieu d'être tirée par une force, est attachée à un point fixe E, et que la chappe porte un poids H, la puissance V, qui tend à faire monter le poids H, est à ce poids comme le rayon de la poulie est à la soustendante de l'arc embrassé par la corde.

Le cas le plus favorable à la puissance est celui où les deux parties de la corde sont parallèles et embrassent la demi-circonférence de la poulie. La puissance est alors moitié seulement de la résistance (fig. 32, A).

Si deux poids égaux AB (fig. 33) sont suspendus à une corde passant par-dessus la poulie, ils seront en équilibre et le point d'appui C, les portera tous deux.

Si à une poulie est fixée, sur le même axe, une poulie d'un plus petit diamètre (fig. 34), un poids fixé à la grande poulie sera en équilibre avec un poids plus considérable suspendu à la petite.

Si la corde A (fig. 35) était fixée à la chappe d'une poulie B, entourée par une autre corde dont l'extrémité C serait fixe et l'autre extrémité D serait attachée à la chappe d'une troisième poulie, et ainsi de suite, tout le système serait en équilibre; la puissance E, agissant sur la dernière corde, serait à la résistance opposée par le poids F, comme le produit des rayons des poulies est au produit des rayons des cordes sous-tendantes des arcs embrassés par les cordes.

Si toutes les cordes sont parallèles (fig. 36), la puissance E est au poids F comme l'unité est au nombre deux, élevé à une puissance marquée par le nombre des poulies.

Il faut remarquer que la poulie G n'est qu'une poulie de renvoi qui ne donne aucun avantage à la puissance.

La poulie simple ne donne aucune augmentation de force, mais elle sert très avantageusement pour changer la direction d'un mouvement. Ainsi, un fardeau A, fig. 37, est, au moyen de la poulie simple B, tiré de haut en bas, au lieu de l'être de bas en haut, comme l'homme serait obligé de le faire sans la poulie, ce qui lui permet de profiter de la pesanteur de son corps.

Les fig. 38, 39 et 40 montrent divers systèmes de poulies multiples.

La *moufle* est un système de poulies, assemblées dans une même chappe, ou sur des axes particuliers, ou sur le même axe, comme on le voit dans les fig. 38, 39 et 40.

La fig. 41 représente deux moufles, l'une fixe et l'autre mobile. L'extrémité de la corde s'y trouve attachée à la chappe supérieure.

La fig. 42 offre aussi deux moufles où le point d'attache se trouve à la moufle inférieure. Dans l'un et l'autre système, la puissance sera à la résistance comme l'unité est au nombre des cordes qui soutiennent la moufle mobile.

Dans la moufle (fig. 43) chacune des parties supérieure et inférieure a deux rangs de poulies; dans le premier, qui est fixe, les poulies du rang supérieur ont un plus grand diamètre que celles du rang inférieur, et l'inverse a lieu dans la partie basse qui est mobile. Les numéros des figures indiquent l'ordre dans lequel elles sont enveloppées par la corde.

La moufle (fig. 44) est composée de deux parties dont les poulies sont creusées dans une même pièce. Les diamètres y sont gradués de manière que, pour une corde d'une grosseur déterminée, les vitesses de rotation de toutes les poulies doivent être les mêmes. Cette disposition offre l'avantage d'éviter les frottements multipliés causés par un grand nombre d'axes séparés.

Plan incliné. Lorsqu'un corps s'appuie sur un plan par plusieurs points, et qu'il est sollicité par plusieurs forces, il faut pour l'équilibrer que ces forces puissent se réduire à une seule, perpendiculaire au plan, et dont la direction tombe dans l'intérieur du polygone formé par tous les points de contact.

Le rapport entre la puissance qui retient un poids sur la surface d'un plan incliné, est égale à celui de la longueur oblique de ce même plan, à l'égard de sa hauteur. Donc, si la sphère A (fig. 44) se trouve sur le plan incliné BC, la longueur BC étant double de la hauteur DB, la sphère A pourra être retenue sur le plan incliné BC, par une force égale à la moitié de son poids. Ainsi, pour élever un fardeau sur un plan incliné comme celui de cette figure, il ne faudrait employer que la moitié de la force qu'il faudrait pour l'élever verticalement, sauf cependant la force nécessaire pour vaincre la résistance du frottement.

Deux poids AB (fig. 46) placés sur deux plans inclinés, adossés et retenus par une corde qui passe sur une poulie de renvoi C, font équilibre lorsqu'ils sont dans le rapport des longueurs AC-CB. Ainsi, pour un poids double, triple, quadruple de B, il faut que CD soit aussi double, triple ou quadruple de CE.

Le *coin* (fig. 47), instrument qui agit à la manière du plan incliné, est un prisme trian-gulaire que l'on introduit par une de ses arêtes entre deux obstacles qu'on veut séparer.

La *vis* participe à la fois du levier et du plan incliné. Si l'on observe un cylindre ABCD (fig. 48) dont on développe sur un plan la surface convexe suivant un rectangle AECF, et divisant les hauteurs DBEF en un même nombre de parties égales, puis traçant les obliques DG, HI, JK, LM, NE et roulant le rectangle ABCD sur le cylindre, les obliques marqueront sur sa surface une courbe continue ou *hélice*, et chacune d'elles détermine une *spire* de C en H, de H en J, de J en L, etc. Cette spire forme le *pas* de la vis, dont l'inclinaison est celle des plans inclinés DG, HI, etc.

La puissance qui met une vis en mouvement a d'autant plus d'avantage que l'inclinaison du *filet* sera moindre. Ainsi la vis dont les filets ne seront qu'à 1 centimètre les uns des autres, produira une force trois fois supérieure à celle dont les filets seront distants de 3 centimètres. Mais conformément au principe fondamental de la mécanique, l'espace parcouru par la vis, ou le nombre de tours qu'elle aura fait, et par conséquent le temps perdu, sera dans un rapport exact avec la force gagnée.

Il y a des vis à *filet carré* (fig. 49), à filet conique (fig. 50), à doubles et à triples filets.

L'*écrou* est une contre-partie de la vis, dans laquelle elle tourne. Si la vis est fixe (fig. 51), l'écrou A seul est mobile et mis en mouvement à l'aide d'un levier B.

Si c'est l'écrou A qui est fixe (fig. 52), la vis est mise en mouvement à l'aide d'un levier B.

La force d'une vis qui doit agir vivement, et dont par conséquent le filet est très incliné, peut être considérablement augmentée par la puissance du choc produit par des poids placés aux extrémités du levier ou balancier, comme l'indique AA (fig. 53).

Vis sans fin (fig. 54). Le filet de cette vis se présente toujours de manière à s'engrener avec les dents de la roue.

La puissance A est à l'effort avec lequel le filet presse la dent de la roue, comme le pas de la vis est à la circonférence qui tend à décrire la puissance.

Si un cylindre horizontal B, ou treuil, autour duquel s'enroule la corde qui soutient le poids C, est fixé sur le même axe que la roue dentée, la puissance A est au poids C comme le produit du pas de la vis par le rayon du treuil est au produit du rayon de la roue par la circonférence qui tend à décrire la puissance.

Les figures suivantes offrent différents exemples des principes ci-dessus, combinés de manière à convertir les mouvements, et qui peuvent être appliqués et modifiés dans la construction des machines.

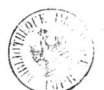

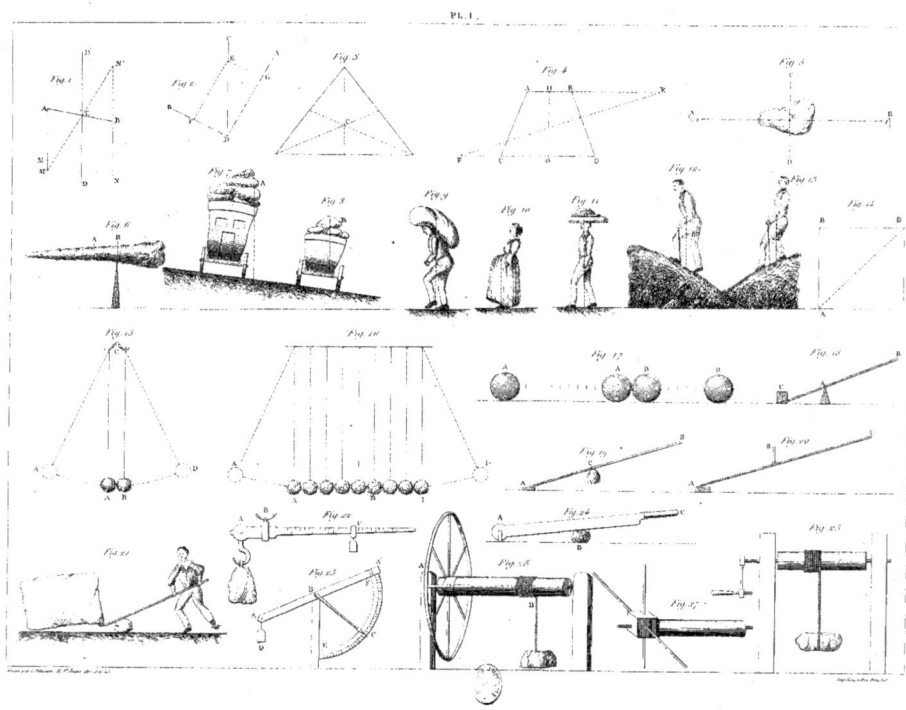

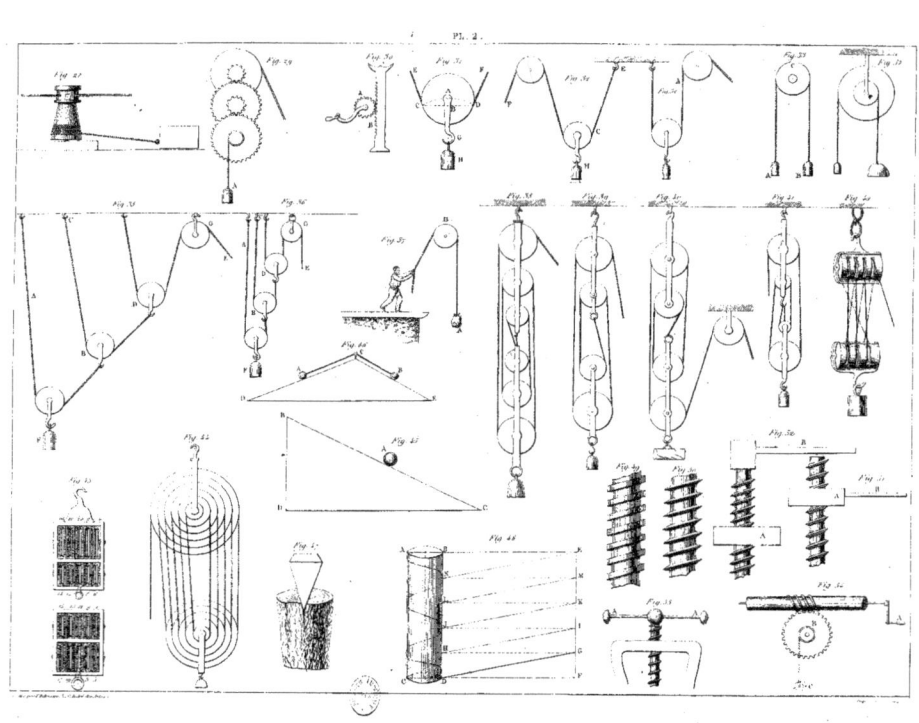

Pl. 3.

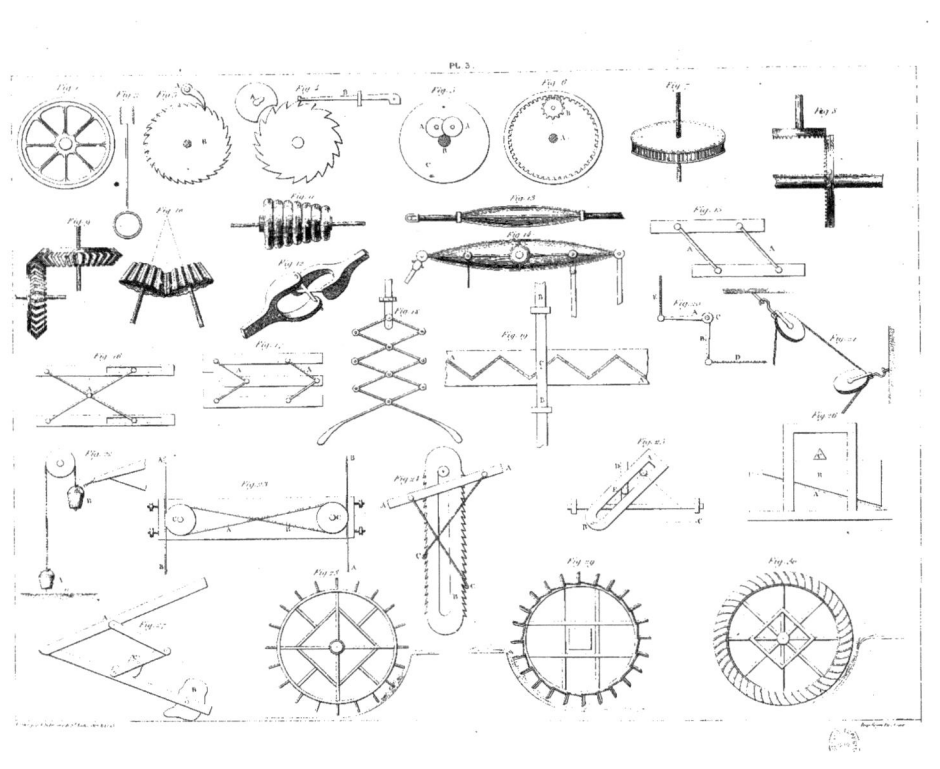

Planche 3.

Planche 4.

Mouvements rectilignes continus convertis en mouvements circulaires continus.

Fig. 31. *Roue en dessus à angets.*

Fig. 32. *Roue persane.* L'arbre creux A reçoit l'eau appportée par les rayons courbes B et les godets C.

Fig. 33. *Tympan.* Les conduits courbes amènent l'eau dans l'arbre creux.

Fig. 34. *Roue à hélice.*

Fig. 35. L'*Auge* A, divisée en deux parties par une cloison B. Chaque partie se remplit et se vide tour à tour par suite d'un mouvement de bascule.

Mouvements rectilignes alternatifs convertis en mouvements circulaires continus.

Fig. 36. La tige A est fixée d'un bout à la manivelle B et de l'autre au levier, on pédale C, qui imprime un mouvement circulaire à la roue, ou meule D.

Fig. 37. La roue A est mise en mouvement au moyen de la pédale B, de la poulie de renvoi C et de la manivelle D.

Fig. 38. L'action alternative du levier AA, mobile sur l'axe B, produit le mouvement circulaire continu de la roue C, au moyen des crampons DD.

Fig. 39. *Mouche.* Le levier AB, en basculant autour de l'axe C, met en mouvement la roue dentée D, au moyen de la bielle E, la rotation se transmet, par engrenage, à la roue F et au volant G, les axes des deux roues sont joints par la verge H.

Mouvements rectilignes alternatifs convertis en mouvements circulaires alternatifs.

Fig. 40. *Archet.* Le ressort A tend la corde B qui est enroulée autour du cylindre C; le mouvement de la main donne un mouvement circulaire à ce cylindre.

Fig. 41. La corde A tirée en haut par le ressort B, et en bas par le levier C, imprime au cylindre D, autour duquel cette corde est enroulée, un mouvement circulaire.

Fig. 42. *Trépan* ou *Drille.* La pression de la main sur la traverse horizontale AA, jointe à la tige B, par le lien CC, imprime au foret D un mouvement alternatif de rotation, qui est régularisé par le poids E, faisant ici les fonctions de volant.

Fig. 43. Le mouvement alternatif du levier A, mobile sur l'axe B, produit dans les poulies CC, un mouvement circulaire alternatif.

Fig. 44. La crémaillère A, glissant verticalement dans les brides BB, engrène la roue C, et lui communique un mouvement circulaire alternatif.

Fig. 45. Le mouvement de va-et-vient de la crémaillère AA produit sur les roues BB un mouvement circulaire alternatif.

Mouvements circulaires.

Fig. 46. La courroie sans fin A, croisée, met en mouvement inverse les poulies BC; la vitesse varie en proportion du diamètre.

Fig. 47. La roue A tourne en sens inverse du pignon B.

Fig. 48. Le pignon A imprime un mouvement circulaire en sens opposé aux roues B et C.

Fig. 49 et 50. Plusieurs poulies peuvent recevoir des mouvements circulaires divers, au moyen de bandes sans fin, et la vitesse varie en raison des diamètres.

Fig. 51. *Poulies coniques* ou *fusées.* Le décroissement du diamètre produit une vitesse variable.

Fig. 52. La roue ovale A, ayant un mouvement uniforme, imprime à la roue B un mouvement variable.

Fig. 53. Le pignon A, appuyé contre la roue ovale B, au moyen du ressort C, transforme un mouvement circulaire continu en un autre de même espèce, avec des vitesses données.

Fig. 54. Les roues ABC, étant mises en mouvement par la manivelle D et la poulie E, auront un mouvement de rotation et de translation autour du point F.

Fig. 55. L'une des roues AB, étant conduite avec une vitesse uniforme, produira sur l'autre roue un mouvement circulaire variable, selon les différents diamètres en contact.

Fig. 56. Les dents en spirale du cône A étant conduites par la rotation uniforme de la roue conique dentée B, il produira un mouvement variable selon les différents diamètres en contact.

Fig. 57. Si les roues d'angles A et B sont mues en sens opposé avec une vitesse égale par le tambour C, la roue horizontale D tournera sur un centre stationnaire. Mais si cette vitesse est rendue différente par les poulies DEFG, la roue B participera des deux mouvements l'un sur son centre et l'autre sur l'axe H.

Fig. 58. *Échappements.* Échappement à batterie; le balancier A, fixé au triangle B, est mis en mouvement par les chevilles des roues dentées C et D.

Fig. 59. Le balancier A, vibrant sur le pivot B, laisse l'aiguille de la roue C s'échapper à chaque vibration.

Fig. 60 et 61. Autres dispositions d'échappements.

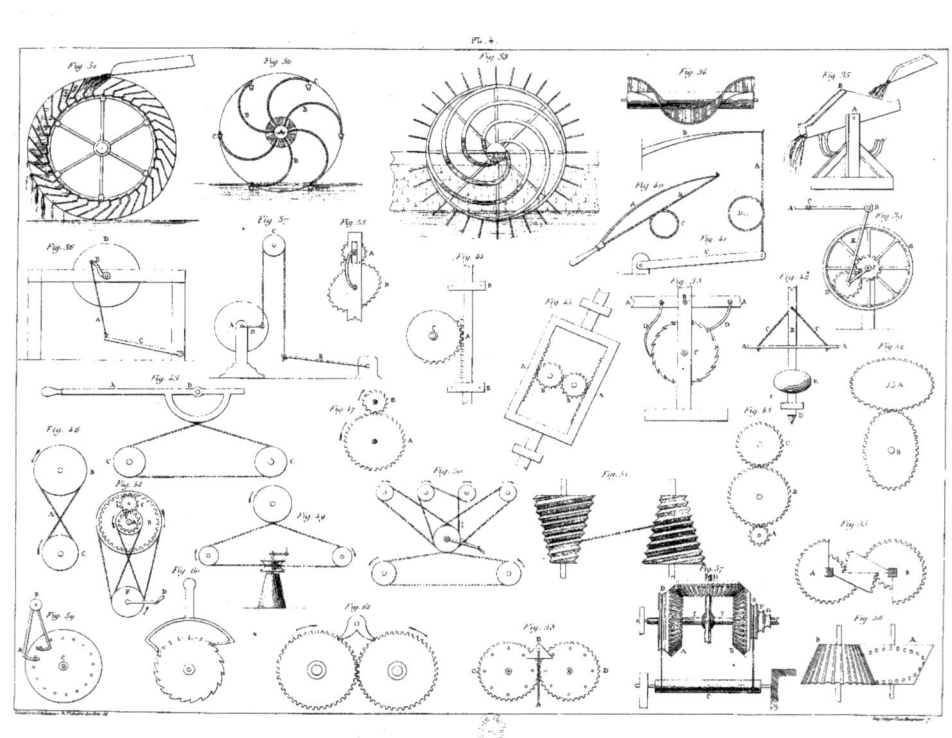

Pl. 5.

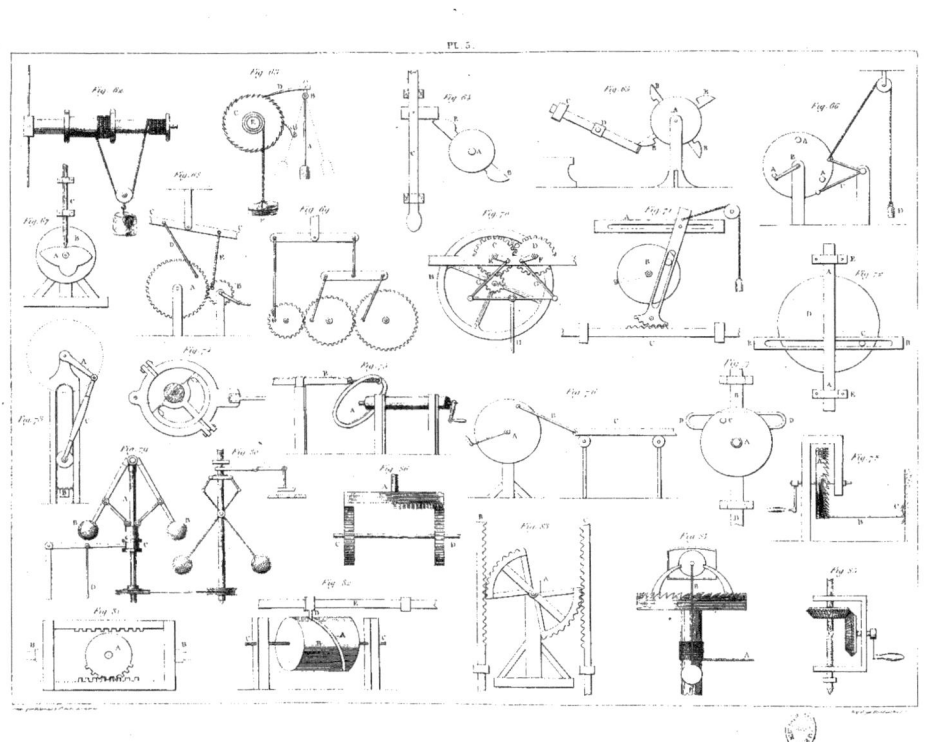

PLANCHE 5.

Mouvements circulaires continus convertis en mouvements rectilignes continus.

Fig. 62. *Treuil de Prony.* Le fardeau A à soulever n'est élevé que par la différence du chemin parcouru par la corde sur les deux cylindres montés sur le même axe de rotation.

Fig. 63. L'oscillation du balancier A, dont le point de rotation est en B, engrène la roue C au moyen du cliquet, D, et la fait tourner avec le cylindre E, qui monte ainsi le fardeau F. G est un cliquet d'arrêt.

Mouvements circulaires continus convertis en mouvements rectilignes alternatifs.

Fig. 64. Le mouvement circulaire de la roue A et des cames BB soulève et laisse retomber alternativement le mouton ou pilon C.

Fig. 65. Le mouvement circulaire de la roue A garnie de cames BBBB, soulève le marteau C qui est mobile sur le point D.

Fig. 66. Les fuseaux AAA du lanternin B, rencontrant la branche C, lui impriment un mouvement d'oscillation qui fait alternativement monter et descendre le poids D.

Fig. 67. La pièce excentrique A, de forme quelconque, fixée sur une roue B, et étant en contact avec la touche mobile C, lui donne un mouvement rectiligne perpendiculaire, varié suivant la forme de l'excentrique.

Fig. 68. Les roues A et B, mises en mouvement de rotation, élèvent ou abaissent alternativement la pièce transversale et mobile CC au moyen des bielles D et E.

Fig. 69. Modification de la figure précédente.

Fig. 70. Le pignon A, fixé sur l'axe du volant B, communique son mouvement aux roues CD, par des manivelles fixes EE articulées aux bielles GG, et imprime un mouvement vertical alternatif à la tige H.

Fig. 71. Disposition qui produit deux différents mouvements, l'un en travers, dans la coulisse A, par le mouvement de rotation de la roue B, et l'autre moindre sur la barre C.

Fig. 72. La tige A, assemblée en croix sur la barre B qui est percée d'une coulisse dans laquelle glisse la cheville excentrique C, fixée sur la roue D. Lorsque cette roue est en mouvement, la cheville C parcourt la coulisse et imprime un mouvement vertical alternatif à la tige A, maintenue par les brides EE.

Fig. 73. La manivelle A, mise en mouvement, fait monter et descendre le piston B à l'aide de la bielle C.

Fig. 74. *Excentrique* monté sur un arbre A et servant à convertir un mouvement circulaire en un mouvement rectiligne.

Fig. 75. Le disque incliné A, par son mouvement circulaire, produit un mouvement horizontal alterne sur la flèche B.

Fig. 76. La roue A, mise en mouvement, produit, au moyen de la bielle B, un mouvement de va-et-vient horizontal à la pièce C.

Fig. 77. La roue A, en mouvement sur son axe, fait alternativement monter et descendre la tige verticale B, au moyen du bouton C engagé dans l'ovale D qui est fixé sur la pièce B.

Fig. 78. La roue A dentée, agissant sur la broche B qui est maintenue par le ressort C, produit un mouvement horizontal alternatif.

Fig. 79. *Régulateur.* La rotation de la tige A, en communication avec l'axe d'un volant, écarte les boules BB et soulève la bague C ainsi que la tige D fixée à une soupape. C'est le modérateur en usage pour les machines à vapeur.

Fig. 80. Régulateur d'une autre disposition.

Fig. 81. La révolution du pignon A imprime un mouvement horizontal de va-et-vient à la tige BB.

Fig. 82. La rainure A du cylindre B, tournant sur son axe C, produit, au moyen du goujon D, un mouvement horizontal alternatif à la tige E.

Mouvements circulaires alternatifs convertis en mouvements rectilignes alternatifs.

Fig. 83. Le balancier à segments denté A, produit sur les crémaillères B et C un mouvement alternatif vertical.

Fig. 84. Disposition pour tirer une corde A au moyen d'un balancier B, qui prend une dent de la roue C à chaque vibration et fait tourner l'arbre D sur lequel la corde s'enroule.

Fig. 85. Roues d'angle, à engrenages coniques, appliquées à un vilebrequin pour percer des trous dans les angles.

Mouvements circulaires continus convertis en mouvements circulaires alternatifs.

Fig. 86. L'axe de la roue horizontale A reçoit un mouvement alterne par la rotation des roues verticales C et D.

PLANCHE 6.

Balancier pour frapper les monnaies.

Cette machine, remarquable par son degré de perfection, se compose de : AA (fig. 1 et 2), vis à filet carré qui a en longueur cinq ou six fois son diamètre ; comme les surfaces frottantes s'usent plus vite lorsqu'elles sont étendues, ces filets sont larges et cette vis maîtresse porte trois filets, pour éviter l'usure, le ballottage et le défaut d'aplomb ; BB, balancier (fig. 3), donnant le mouvement de va-et-vient, percé au milieu d'une ouverture hexagone, par laquelle il saisit la tige supérieure de la vis, qui est taillée en prisme à six pans ; C, boules de plomb revêtues de cuivre. — Des hommes agissent à l'aide de cordes, sur ces masses terminales, pour les tirer à eux ; de là il résulte un mouvement de rotation imprimé à la vis. Elle descend en agissant sur l'écrou de cuivre NN qui l'enveloppe dans presque toute sa longueur. Cet écrou, lors du choc dont nous allons parler, tendrait à remonter, mais il en est empêché parce qu'il forme un cylindre entrant à vis d'un pas simple dans la chemise UU du balancier. — La vis AA descend par sa rotation d'environ un quart de son pas (à peu près un centimètre), et, ainsi violemment lancée, sa base inférieure I repousse le tampon d'acier IK ; la résistance des parties inférieures suffit non-seulement pour amortir le choc, mais encore pour produire une force restitution due à l'élasticité, qui est capable de remonter la vis et de ramener le levier BB dans sa position primitive.

L'action motrice se répétant à des intervalles fort rapprochés, autant on produit de chocs, autant il y a de pièces frappées. — La vis A est de fer, mais sa base QI est d'acier.

Le tampon d'acier K reçoit de la vis un mouvement vertical de haut en bas, qu'il transmet au coin supérieur G ; le coin inférieur P est au-dessous et le *flan* destiné à être frappé va se placer dans l'intervalle C qui existe entre ces deux coins. Ainsi la même percussion marque en relief les empreintes des deux faces.

Le coin inférieur P pose par sa base sur une pièce D nommée *rotule*, qui a pour base un segment de sphère dont le centre est sur la face du coin. — E, *tas*. — Le tout est solidement établi sur le sol RR. — L'espace C, réservé au flanc, est entouré par une virole d'acier *ce* dont le calibre est exactement celui de la pièce, qui n'est retenu que par quatre ressorts *op*, afin que si le flanc venait à être mal placé, la machine n'éprouvât pas d'accident.

Les parties inférieures Q, I, K, G, sont enveloppées d'une *boîte coulante* qui, indépendante de la vis, porte le tampon d'acier K et le coin inférieur G pour hausser et baisser à chaque coup de balancier. Cette boîte est terminée à droite et à gauche par deux saillies OL, et porte le tampon K et le coin K, elle glisse au moyen des ressorts à boudin SS. — La semelle inférieure *gg* remonte aussi tirée par les tiges *ii*, et la semelle *nn* est soulevée à son tour. — *mh* (fig. 4) est une main artificielle ou posoir, pour placer les flancs entre les coins ; c'est une plaque de fer, qui est percée d'un trou *b* pour recevoir le flanc et qui en *h* a un axe de rotation.

Le service des monnayeurs se fait sous une espèce de voûte VV dite *chapelle*, creusée dans la masse du balancier et qui le traverse à jour.

Coupoir des monnaies.

FIG. 5. Cette machine dont on se sert pour couper, dans des lames de métal, les flans, c'est-à-dire les morceaux de la grandeur et de la rondeur des pièces ou des médailles qui doivent être ensuite frappées par le balancier, est formée d'un bâti AA très solide de bronze ou de fer ; d'une vis C à trois filets, d'un balancier DD. — A la partie supérieure du bâti A est pratiqué un large trou taraudé d'un bout à l'autre ; dans ce trou est ajusté à vis un bouchon de bronze E, qui le remplit entièrement. Ce bouchon cylindrique est percé dans son axe, et porte les filets de l'écrou qui doit recevoir la vis C. — Cette vis n'est pratiquée que dans une longueur suffisante pour lui laisser le jeu nécessaire, afin que la pièce à couper puisse agir. — La partie inférieure est tournée cylindriquement, descend dans la boîte F, et appuie là fortement sur le fond de la boîte qui pousse le piston. — La boîte F est suspendue sur la partie supérieure de la vis par la pièce H, et à l'aide de deux tringles II qui sont arrêtées aux points JJ, sur l'extrémité supérieure de la boîte, par deux goupilles et en haut par la pièce H, par des écrous. — Elle glisse dans deux coulisses verticales pratiquées, l'une vis-à-vis de l'autre, dans l'intérieur du bâti AA. — Le piston est fixé au bas de la boîte par une vis K, nommée *nez*, percé dans son axe d'un trou capable de recevoir la queue L du piston M. — L'extrémité de cette queue est taraudée et fixée par un écrou N ; lorsque le piston est placé dans le nez, que l'écrou N est serré, on introduit le nez dans le trou taraudé qui lui est destiné, et on l'y fixe solidement.

La vis, la boîte et le piston doivent avoir le même axe, on les y ramène, en cas de besoin, par les six vis *ooo*.

La partie inférieure de la machine porte la lunette dans laquelle doit se mouvoir le piston qui est d'acier trempé.

La pièce de fer ovale P est percée dans le milieu d'un trou rond, sans jeu, la lunette Q, que l'on voit en coupe en A et en plan en B (fig. 7). — La lunette d'acier a sa partie supérieure *a* tranchante ; la partie inférieure *b* est creusée sur le tour en calotte. L'épaisseur a 5 millimètres, le trou *a* est ajusté au piston de manière que celui-ci entre juste et sans jeu dans la lunette. — La pièce de fer P est fixée sur le socle par deux vis R opposées. Au-dessus de la lunette est fixée par deux vis une pièce S pliée en double équerre ; cette pièce est percée, dans sa partie supérieure, d'un trou dans lequel le piston passe librement. Elle sert à détacher le piston de la pièce métallique dans laquelle il est entré et que l'on place entre la lunette et ce *détachoir*.

FIG. 8. Piston séparé, faisant voir sa partie inférieure P concave et tranchante.

Le coupoir est mis en mouvement au moyen de la manivelle T.

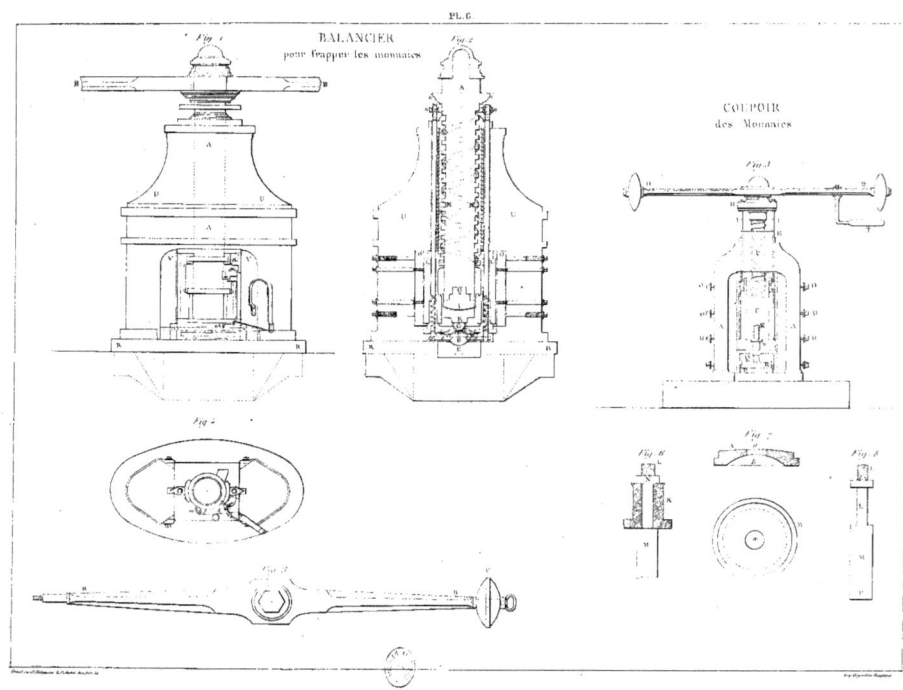

BALANCIER
pour frapper les monnaies

COUPOIR
des Monnaies

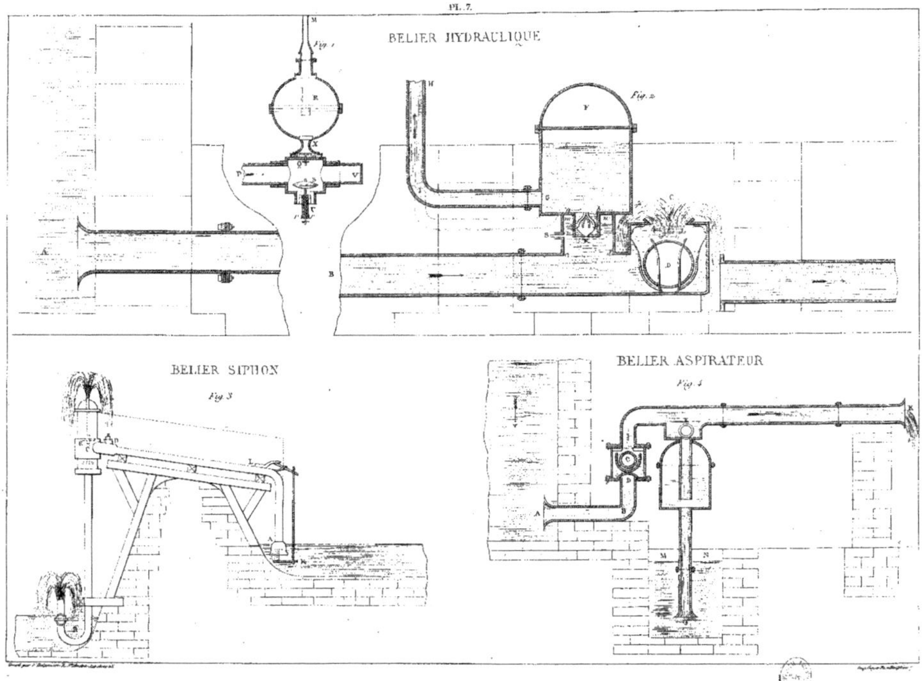

BELIER HYDRAULIQUE

Fig. 1

Fig. 2

A

B

BELIER SIPHON

Fig. 3

BELIER ASPIRATEUR

Fig. 4

Bélier hydraulique.

Cette machine, invention de Montgolfier, est destinée à employer la force acquise d'une chute d'eau à faire remonter une partie de cette eau, et par suite à mettre en jeu un mécanisme quelconque. — Les soupapes sont disposées de manière que le choc de l'eau contre ce liquide lui-même l'élève en partie.

Un tuyau horizontal P (fig. 4) par lequel l'eau arrive, et qui est fermé à son extrémité V, et un autre tuyau QM, qui s'élève verticalement; deux soupapes sont placées, l'une en Q à l'embranchement, elle se lève pour laisser monter l'eau; l'autre en S, au tuyau horizontal donnant issue à l'eau pour l'écouler à l'extérieur U. La première s'ouvre de dedans en dehors, et laisse entrer l'eau dans le tuyau vertical QX. L'autre S est fermée au contraire par cette action, mais un ressort à boudin rr la maintient ouverte, tant que cette force n'atteint pas une certaine limite.

L'eau qui remplit le tuyau horizontal, étant d'abord en repos, presse les parois intérieures de toute la charge qui est due à sa hauteur dans le réservoir d'où elle est tirée; mais dès que l'eau nouvelle arrive dans ce tuyau, pour remplacer celle qui s'est écoulée par le soupape ouverte S, ce liquide prend une vitesse croissante par l'effet de sa chute, vitesse qui atteint bientôt un tel degré, que la puissance du ressort rr ne suffit plus pour maintenir la soupape ouverte S. Dès que cette soupape est fermée, la colonne d'eau en mouvement est brusquement arrêtée dans ce tuyau sans issue, et il en résulte une force qui agit en tous sens et oblige la soupape Q à s'ouvrir, en sorte que l'eau entre dans le tuyau ascendant QM. Alors la vitesse du liquide, s'affaiblissant peu à peu, redevient nulle: la soupape S se rouvre tandis que celle Q se referme; mais en s'écoulant en U, et arrivant du réservoir, elle redevient en mouvement et le jeu de la machine se répète. On voit que dans le bélier hydraulique, l'eau s'élève dans le tuyau ascendant par une succession alternative de chocs, qui ferment et ouvrent les soupapes. On rend le jet continu à l'aide d'un réservoir d'air R.

Le bélier hydraulique peut varier beaucoup dans sa forme.

Dans la fig. 2, l'eau de la source arrive par un tuyau de conduite avec une vitesse due à la hauteur du réservoir A, le liquide peut s'écouler au dehors par l'orifice C, qu'une soupape à boulet D ferme en s'élevant. Le tuyau d'ascension HIG est joint à la partie inférieure du réservoir d'air F, lequel est hermétiquement uni à la conduite par l'embranchement cabd; à la base du réservoir d'air et au centre, est un orifice circulaire E, garni en dessous d'un petit cylindre mn, et cet orifice est fermé par une soupape à boulet E. L'espace mn, extérieur au cylindre, est rempli d'un matelas d'air introduit par la soupape S, qui alimente aussi le réservoir F. Le mécanisme de cette machine est facile à comprendre.

Bélier-siphon. (Fig. 3.)

ALCR, siphon qui conduit l'eau K en R. — C, tête de bélier (2 soupapes); l'une C permet l'écoulement au dehors, l'autre E l'ascension. — K, soupape que l'on peut fermer de la partie supérieure L, en manœuvrant un levier. — R, robinet. — On commence par amorcer le siphon en fermant la soupape K et le robinet R, puis versant de l'eau par un orifice D, qui sert aussi au dégagement de l'air, et que l'on bouche lorsque le tuyau est plein d'eau. Si l'on ouvre à la fois la soupape K et le robinet R, l'eau du siphon se met en mouvement et se transverse du réservoir supérieur dans l'inférieur.

Bélier aspirateur. (Fig. 4.)

Sorte de bélier hydraulique dont l'effet se produit par aspiration.

ABDEK, tuyau de conduite qui amène l'eau d'une source A avec une vitesse due à la charge du réservoir. — C, soupape à boulet qui ferme l'orifice D, quand la vitesse de l'eau n'a pas atteint le degré convenable. — Le liquide contenu dans le canal DEK, emporté par la vitesse acquise, s'écoule en K et il se produit un vide vers l'origine DE.

Le tuyau EG, plongeant dans l'eau MN et garni d'une soupape à boulet E, s'élève et l'aspiration se produit dans l'embranchement EG. Ainsi l'aspiration du tuyau EG suffit pour élever l'eau MN du puits et cette eau s'écoule ensuite par le tuyau EK.

2

Balancier hydraulique.

Mouvement de bascule produit par un courant d'eau.

A (fig. 1) levier à bras égaux, chargé à chaque bout d'un seau; lorsque l'un de ces seaux est élevé, il agit sur une soupape B placée au fond d'un réservoir d'eau qui permet à ce liquide de s'écouler et de remplir le seau qui devient plus pesant, tombe et force l'autre C de s'élever. Mais dès que le premier est en bas, il se vide, au moyen d'une soupape D, attachée avec une corde E de longueur constante et fixée à son extrémité, ou bien parce que cette soupape porte un goujon F qui la soulève en touchant le sol.

Balancier hydraulique d'Artigues.

Fig. 2. Il offre une disposition de levier peu différente de celle ci-dessus, mais le seau, percé latéralement près du fond A, est un cylindre ou un parallélipipède qui peut glisser dans un corps vertical d'un même calibre; c'est-à-dire que ce seau peut monter et descendre dans cette sorte de fourreau. — Quand l'un des seaux est en haut, il lève une soupape B qui donne issue à l'eau d'un réservoir, et se remplit de liquide; devenu plus lourd, il tombe dans le fourreau et remonte l'autre seau, mais lorsqu'il arrive en bas, comme le fourreau est percé d'une ouverture à jour qui se rencontre avec le trou latéral A du seau, l'eau qui ne pouvait s'échapper, parce que la paroi du fourreau fermait ce trou, s'écoule par l'ouverture C, et le va-et-vient se perpétue ainsi.

Pompes.

Machines très diverses destinées à élever l'eau. Elles se composent presque toujours d'un *corps de pompe*, tuyau dans lequel se meut un *piston*, de tuyaux d'un moindre diamètre pour le passage de l'eau. — Les *soupapes* s'ouvrent de bas en haut pour laisser passer l'eau ascendante et l'empêcher de redescendre. La soupape inférieure ou *dormante* est fixée au bas du corps de pompe, l'autre à l'orifice d'une ouverture qui traverse l'axe du piston et se meut avec lui.

Pompe aspirante. (Fig. 3.)

Quand le piston A est élevé par la tige B, l'air contenu dans l'espace CC'DD' se dilate, et la soupape E se lève, parce que l'air qui est dessous est plus dense et la presse plus fortement; la colonne d'air FA arrive au même degré de dilatation, qui ne fait plus équilibre à la pression extérieure. L'eau du réservoir GH monte donc dans le tuyau d'aspiration, jusqu'à ce que la colonne suspendue, plus le ressort de l'air dilaté à l'intérieur, équivalent à la pression atmosphérique. Voilà donc l'eau élevée à une certaine hauteur I, dans le tube d'aspiration, lorsque le piston a atteint le haut de sa course JK ; la soupape E se referme alors par son poids et celui de l'eau qui la charge. On abaisse ce piston en CD; l'air dilaté se condense de plus en plus à mesure que le piston redescend, jusqu'à ce que cet air soit renfermé dans l'espace CC'DD'; mais dès que sa densité croissante dépasse celle de l'air extérieur, la soupape du piston A est plus pressée en dessous qu'en dessus; elle se lève pour laisser échapper une portion de l'air, ainsi l'air se trouve contenu dans l'espace CD à la densité de l'air extérieur. Lorsqu'on lève de nouveau le piston, cet air se dilate, et quand il devient plus rare que celui qui est en EI, au-dessus de la soupape dormante, cette soupape se lève, l'air se raréfie davantage et l'eau monte plus haut dans le tuyau d'aspiration. — Si le point JK, où la soupape du piston arrive au plus haut de sa course, est à une plus grande élévation que celle où l'eau peut monter dans le vide (8 à 9 mètres de la surface du niveau du réservoir) GH qui alimente la pompe, jamais l'aspiration ne pourra la faire monter à ce terme, auquel l'eau s'arrête, et il faut recourir à divers moyens pour y parvenir,

Pompe foulante. (Fig. 4.)

Le niveau du réservoir est AB, tout ce qui est plus bas est immergé; CBBE est le corps de pompe dans lequel le piston plein D, au moyen de la tige F. La soupape dormante G joint exactement l'ouverture H par laquelle l'eau peut monter ; IJ est le tuyau d'ascension qui porte l'eau dans un dégorgeoir; une seconde soupape K est adaptée vers l'origine du tuyau d'ascension. Quand le piston D est en haut de sa course, l'eau du réservoir vient gagner son niveau AB en soulevant les soupapes GK ; l'eau monte donc dans le corps de pompe et dans le tuyau d'ascension à son niveau AB. Lorsqu'on abaisse le piston, la compression exercée sur le liquide intérieur pousse la soupape G contre l'orifice H qui se ferme et s'oppose à la sortie de l'eau. L'autre soupape K reste béante, parce qu'elle est pressée en dedans, et l'eau monte dans le tuyau d'aspiration ; lorsque le piston remonte, la soupape K est fermée et la soupape G se lève ; l'eau du réservoir afflue donc dans le corps de pompe et revient au niveau AB : les mêmes effets se reproduisent à chaque coup de piston.

Pompe foulante. (Fig. 5.)

Le piston A et son corps de pompe AB sont dans la partie noyée de l'appareil. Ce piston A est pourvu d'une soupape et manœuvré par une tige C qui tient à un châssis ou étrier DNE. — Le va-et-vient qu'on imprime à l'étrier est transmis au piston. Dans l'état naturel, la pression de l'eau du réservoir soulève la soupape A du piston, pour gagner son niveau dans le corps de pompe, mais lorsqu'on lève le piston, la soupape A se ferme et l'eau est chassée vers le haut, et lève la soupape dormante B pour entrer dans le tuyau d'ascension F, lorsque le piston redescend, la soupape B se ferme, l'eau du réservoir rentre par la soupape A et le même jeu recommence.

Pompe à incendie. (Fig. 6 et 7.)

La pompe la plus communément employée contre les incendies se compose des pièces suivantes:

AAAA, *bâche*, bassine de cuivre; *a*, trou pour la sortie du récipient ; cette *bâche* peut contenir 180 à 190 litres d'eau, 45 litres environ restent au-dessous des trous d'aspiration ou dans le corps de pompe ; il reste donc à peu près 140 litres qui sont lancés par la manœuvre en quarante secondes, ce qui produit un muid d'eau par minute. — BB, *corps de pompe*, deux cylindres de cuivre ; à 6 centimètres de leur partie supérieure, ils ont un épaulement *b* qui soutient l'enablement *c*. — A 6 centimètres de la base, un tuyau DD, nommé *conduit latéral* et terminé par une petite *soupape* inclinée ou *clapet*, est adapté au *récipient* E. — Le *récipient* E est un cylindre de cuivre battu, fermé en haut et en bas, sur la surface duquel s'adaptent les deux conduits latéraux des corps de pompe et le *canal de sortie* F, qui transmet l'eau du récipient dans les tuyaux. L'*enablement* CC, madrier fixé par des boulons *ce* et percé de deux trous pour recevoir les extrémités supérieures des corps de pompe. — G, *poupées* ou supports de fer sur lesquels pose le balancier. — HH, *pistons*, cylindres creux de cuivre, de plomb ou de bois de gaïac; l'intérieur est divisé en deux parties par une traverse placée au centre, et à travers laquelle passe la tige H de l'excentrique. — Le *balancier* LL, barre de fer dont les extrémités portent deux branches formant T en fourche, au bout desquelles sont deux anneaux KK pour recevoir les leviers de manœuvre. — M, *plate-forme*. — N, *patin*. — La bâche étant remplie d'eau, cette pompe se comporte comme les pompes foulantes ci-dessus.

BALANCIERS HYDRAULIQUES

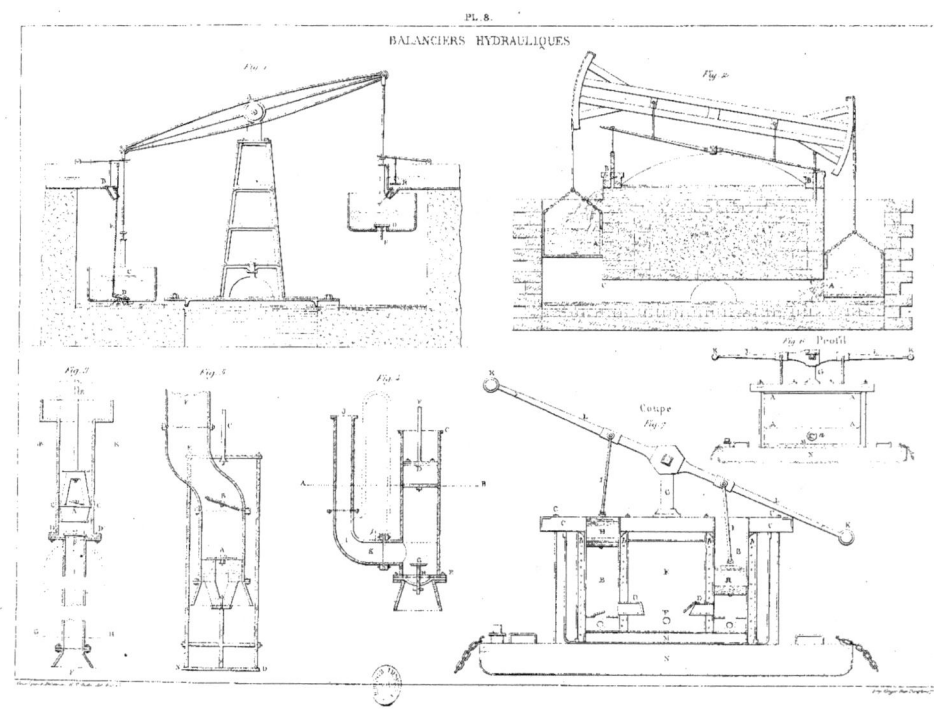

Fig. 1

Fig. 2

Fig. 1r Profil

Coupe
Fig. 7

Fig. 3

Fig. 5

Fig. 4

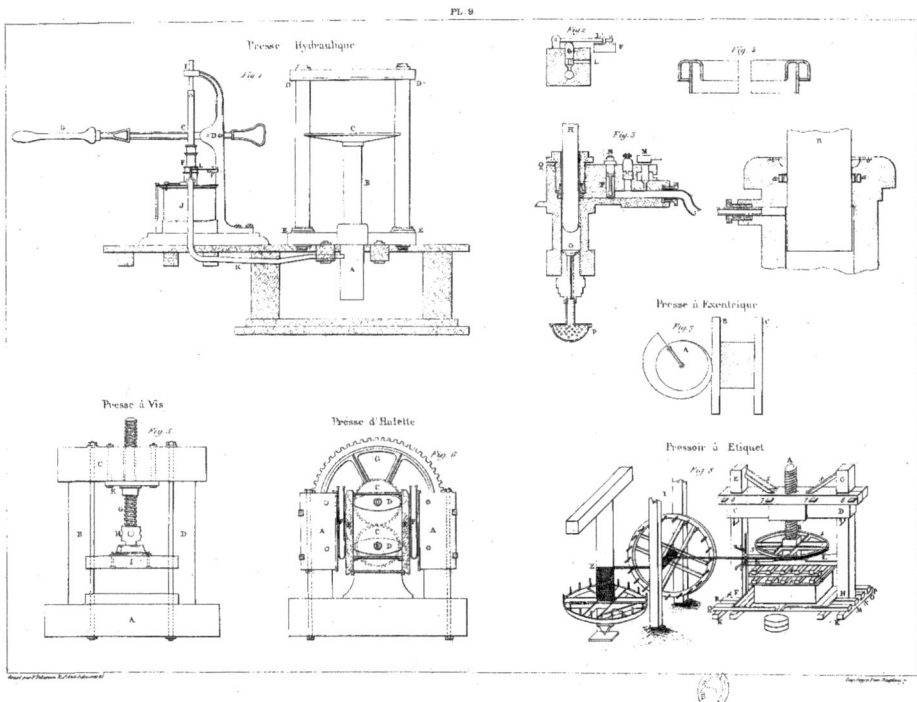

Presse Hydraulique

Presse à Exentrique

Presse à Vis

Presse d'Halette

Pressoir à Etiquet

Presse hydraulique.

Si un poids de 20 kilogrammes pousse un piston de 1 centimètre de diamètre, il fera équilibre à un poids de 2000 kilogrammes, agissant sur un autre piston ayant 10 centimètres de diamètre. Ainsi, 1 kilogramme appliqué au petit piston en soutient 100, qui pousse le grand ; 20 kilogrammes en soutiennent 2000. C'est cette théorie qui est appliquée à la presse hydraulique. — EE, DD (fig. 1), bâti dont est formée la presse. — C, plateau sur lequel est posé le corps que l'on veut comprimer. — B, piston sortant du corps de pompe A. — F, petit corps de pompe, foulante et aspirante, dont le piston C est mû par le levier G, ayant pour point d'appui D, le montant DI. — I, œil recevant la tige du piston. — J, réservoir d'eau.

L'eau foulée dans le corps de pompe A, par le tuyau K, produit une pression sur la base du piston B, et la puissance transmise suit le rapport des bases. — Pour évaluer la pression intérieure, on adapte à la machine une soupape de sûreté L (fig. 1 et 2). — Le poids F agit à l'aide du levier L' sur la tète du piston G. On sait quelle est cette pression en éloignant le poids F jusqu'à ce que l'eau soulève la soupape. — Les pistons H et B (fig. 3) bouchent hermétiquement les corps de pompe qui sont de fer ou de bronze. — En aa, il y a une cavité annulaire, dans laquelle on adapte un cuir imperméable à l'eau (boîte à cuir), et on l'emboutit comme l'indique la fig. 4, pour s'opposer à ce que la pression fasse sortir le liquide. — O, soupape d'aspiration. — P, crapaudine qui communique avec la bâche J. — Q, tampon à vis dont le bout inférieur reçoit les deux cuirs emboutis, séparés par une rondelle de cuivre. — En F est la soupape de jonction du tuyau d'injection. — N, vis qui limite le jeu. — M, vis servant à dépresser parce que l'eau y trouve une issue par laquelle elle retombe dans la bâche.

Un seul homme peut, armé du levier d'une presse hydraulique, développer une force de 2 à 300 000 kilogrammes, en faisant un effort qui ne va pas à 70.

Presse à vis.

Cette presse (fig. 5) est d'une manœuvre si facile, et tient si peu d'espace, qu'elle est préférée aux autres dans beaucoup de cas. — A, base solide. — BD, colonnes fixes. — C, chapeau. — E, écrou de cuivre dans lequel est engagé la vis G, en fer à filet carré. — H, tête percée de deux trous à angles droits, dans lesquels entrent des barres ou leviers pour faire tourner la vis dans son écrou. — I, plateau coulant. — Si l'on fait tourner la vis, le plateau I descend et comprime la substance déposée au-dessous de lui. — Cette machine peut recevoir un grand nombre de modifications.

Presse muette d'Halette.

Presse (fig. 6) à mouvement continu. — En faisant tourner la grande roue d'engrenage G, les roues C, de fonte, dont l'une est montée sur l'axe de G, tournent en sens inverse et impriment un mouvement de rotation aux deux excentriques DD, portés par les axes parallèles BB des roues CC. — Ces excentriques de fonte, de forme elliptique, poussent les plateaux de fonte parallèles EE. — C'est dans l'espace FF, compris entre les plaques de fonte et les blocs AA, qu'on dépose la substance ou les objets à presser.

Presse à excentrique.

Si un cylindre A (fig. 7) est recouvert d'une enveloppe en forme de spirale, et qu'un plateau mobile B soit disposé près de sa surface, parallèlement à un sommier inébranlable C, lorsqu'on imprime au cylindre un mouvement de rotation sur son axe, la surface poussera le plateau et le rapprochera du sommier C. Si on interpose un corps dans l'espace qui sépare ces deux plaques parallèles B, C, et si, par un engrenage, une manivelle, ou tout autre moyen, on force le cylindre à tourner, la matière sera comprimée dans cet espace, dont l'étendue diminuera de plus en plus. Telle est la presse à excentrique, dont on varie d'ailleurs beaucoup la forme et les effets.

Pressoir à étiquet.

Fig. 8. KK, Chantiers. — QM, R, N, O, P, faux chantiers. — EF, GH, jumelles verticales ; 6, 7, chapeaux. — 8, liens ; le tout en charpente de la force convenable à la grandeur du pressoir. — CD, écrous fortement chevillés aux jumelles sous les chapeaux. — AB, vis portant la roue 3,4, sur laquelle une corde est enroulée, pour qu'en tirant cette corde la vis avec laquelle cette roue fait corps.

On fait tirer la corde par un treuil I ou Z, dont la circonférence de la roue porte des chevilles servant d'échelons, pour monter quand la roue est verticale, ou que des hommes font mouvoir à force de bras. — La main porte la substance à écraser ; on charge cette substance de planches ou manteaux T, puis de bois ou garnitures 1,4, sur lesquelles pose le mouton KL. — La tête de la vis, en posant sur le mouton le force à descendre et exerce la pression.

PLANCHE 10.

Vis d'Archimède.

Fig. 1er. Cette machine, très ancienne, est employée dans beaucoup de cas pour élever l'eau et faire des épuisements; elle se compose d'un axe ou arbre A, entouré d'une hélice B et enfermée dans un tuyau cylindrique C, ouvert aux deux bouts; l'extrémité inférieure D de la vis est plongée dans l'eau, l'extrémité supérieure est munie d'une manivelle E qui met la vis en mouvement. L'eau s'élève en suivant le pas de cette vis et se décharge dans un déversoir F placé à l'ouverture supérieure. Cette machine, modifiée de plusieurs manières, a été appliquée à différents usages, le plus remarquable est le propulseur employé pour la navigation.

Propulseurs sous-marins.

Parmi les propulseurs imaginés depuis l'application de la vapeur à la navigation, l'emploi de la vis d'Archimède ou hélice a offert le plus de succès et d'avantages. Ces appareils se composent de filets ou lames spirales fixées sur un axe parallèle à la quille, qui pénètre dans le bâtiment et est animé par une machine à vapeur, en sorte qu'en tournant ils se frayent un chemin dans l'eau, comme les vis ordinaires dans le bois, et poussent ainsi les bateaux auxquels ils sont adaptés. On a proposé un grand nombre de formes d'hélices. Le système Delisle et Éricson est un de ceux qui ont donné les meilleurs résultats.

Sur un arbre A (fig. 2 et 3) qui pénètre dans le navire, sont fixés à angles égaux trois branches BBB, en tôle très épaisse, un cercle CC boulonné sur ces branches reçoit six segments hélicoïdes DD, qui forment ensemble presque un tour entier de vis.

Fig. 4 et 5. Coupes transversale et longitudinale de l'arrière d'un navire pourvu du système Delisle. — E, propulseur. —'FF, embrassage hexagonal qui permet de rendre à volonté ce dernier dépendant ou indépendant du moteur. — GG, appareil servant à hisser la vis sur le pont. — HH, pignons agissant sur les crémaillères H. — KK, roues dentées. — JJ, vis sans fin à filets contraires, agissant sur roues dentées.

Fig. 6. Disposition de l'hélice du système Delisle.

Fig. 7. Disposition de l'hélice du système Sauvage ou Smith, composé de deux segments hélicoïdes reposant sur l'arbre même, et formant un angle au milieu d'environ

45 degrés. L'arbre de ces machines porte un grand engrenage qui fait tourner une petite roue fixée sur l'axe de l'hélice prolongée.

La figure 2 indique la méthode employée à bord du vaisseau l'Archimède pour faire sortir l'hélice de l'eau et y redescendre l'hélice. — A, hélice vue de face dans la position où elle fonctionne. — A', hélice déplacée. — B, boîte rectangulaire servant à atteindre l'hélice, et par laquelle on fait passer une ligne qu'on attache à une corde plus forte; on hèle cette ligne par l'ouverture B et on l'accroche dans un trou pratiqué à cet effet sur l'axe de la vis, tirant sur les cordages, la vis se dégage des paliers et reste suspendue, de sorte qu'en agissant sur les cordages C on la fait sortir de sa position verticale et arriver jusqu'à l'arc-boutant D, d'où elle est facilement mise à bord. Cette manœuvre est plus longue et plus difficile à effectuer que celle qui résulte de la disposition indiquée par la figure 5, qui présenterait de grands avantages sans les dérangements auxquels son mécanisme est sujet.

Fig. 8. Plan et élévation du système David Napier; il se compose de deux roues d'égal diamètre, qui sont placées à l'arrière dans un encadrement au côté extrême duquel est fixé le gouvernail.

Fig. 9. Système Hunt, formé de quatre palettes fixées au moyeu et tordues de manière à former des sections d'hélice. Cette hélice a été appliquée en Angleterre sur un navire où elle était disposée pour pouvoir servir de gouvernail. A cet effet, elle était établie de manière à ce qu'on pût faire obliquer son axe à droite ou à gauche, sans exercer d'influence sur le mouvement de roue qui lui transmettait l'action de la machine.

Fig. 10. Système Blaxland, composé de lames abcde fixées sur des bras ff, et disposées de manière à former des angles qui croisent de la circonférence intérieure à la circonférence extérieure des deux surfaces hélicoïdales qu'elles composent.

Fig. 11. Système Bennio, face et côté d'une vis en spirale formée par l'enroulement d'un plan incliné autour d'un cône, en sorte que l'angle d'inclinaison des deux filets augmente graduellement de la partie antérieure à la partie postérieure de la vis. L'objet de cette disposition est que l'eau, lorsqu'elle a acquis toute la vitesse que la partie antérieure peut lui communiquer, puisse encore recevoir une nouvelle impulsion des parties qui se présentent ensuite, lesquelles produisent ainsi presque autant d'effet que les premiers.

Fig. 12. Face et côté d'une hélice à trois branches.

VIS D'ARCHIMÈDE   PROPULSEURS SOUS - MARINS

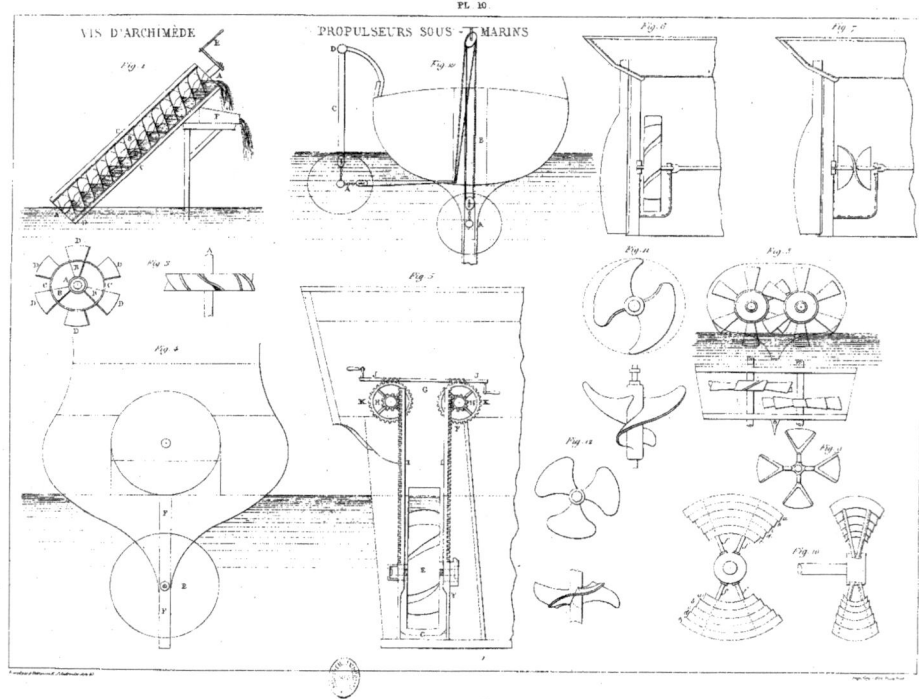

Pl. II

MOULIN A HUILE

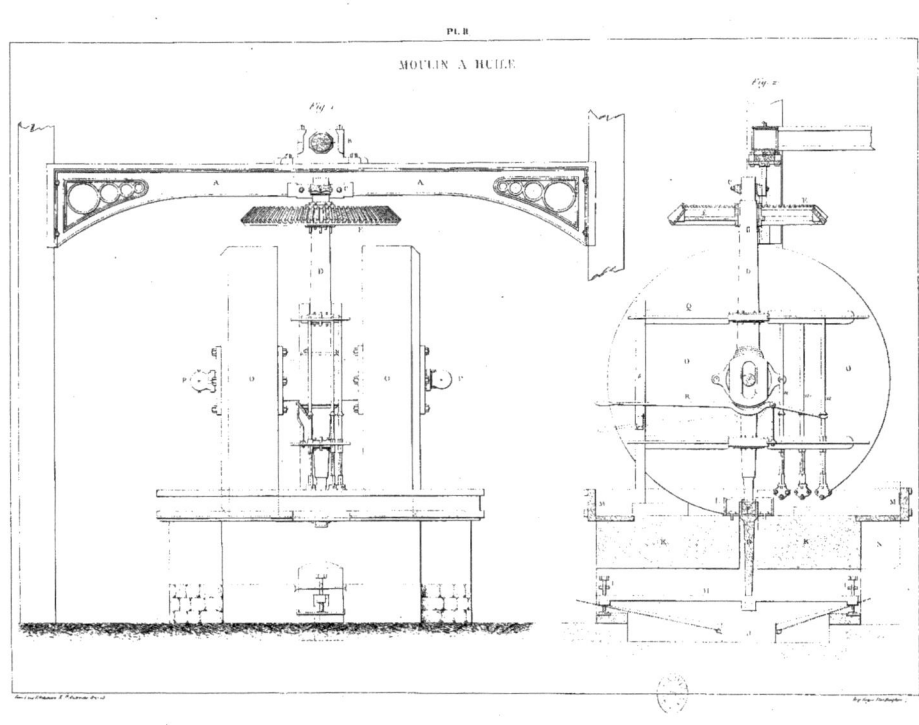

PLANCHE 11.

Moulin à huile.

Ces moulins ont remplacé les machines à pilons et meules verticales dont on se servait autrefois. Ils se composent de cylindres de fonte disposés comme ceux d'un laminoir, mais dont les axes sont dans un plan horizontal ; la longueur de ces cylindres est de 44 à 50 centimètres et leur diamètre de 22 à 24 centimètres. Ils sont assujettis par une roue d'engrenage à se mouvoir avec la même vitesse. Une trémie qui les surmonte reçoit la graine. Un cylindre de bois, gravé, comme ceux des semoirs à blé placé au bas de la trémie, et qui reçoit un mouvement de rotation, fournit uniformément la graine au laminoir, que des raclettes placées au-dessous détachent des cylindres.

Une seule machine de cette espèce, tournant, même lentement, fournit assez de graine laminées pour alimenter deux paires de meules.

Fig. 1. Élévation du moulin.

Fig. 2. Coupe par le plan parallèle à celui des meules.

A, forte pièce de fonte, fixée par ses bouts contre des colonnes de bois, à une hauteur suffisante pour ne pas gêner le service. Il faut autant de ces traverses qu'on veut faire manœuvrer de paires de meules.

B, coussinet qui reçoit l'arbre de couche venant du moteur.

C, autre coussinet qui reçoit le bout supérieur de l'arbre vertical.

D, arbre vertical.

Le mouvement communiqué à celui-ci par l'arbre de couche, au moyen de deux roues d'engrenages d'angles égales E, c'est-à-dire avec une vitesse d'environ vingt-six tours par minute. — La roue de l'arbre de couche n'est pas figurée. — Le bout inférieur de l'arbre vertical est reçu dans une crapaudine de bronze F, ajustée sur le bout d'une pièce de fonte G, qu'on soulève et qu'on abaisse à volonté à l'aide de la traverse H, armée à ses deux bouts de vis à caler I.

Sous le milieu de cette traverse est un morceau de bois J qu'on retire, avec une corde qui y est attachée, quand on veut faire descendre l'arbre vertical afin de désengrener les roues E et suspendre le mouvement du moulin. On met la cale J pour empêcher la flexion de la traverse H.

K, meule gissante placée horizontalement sur un massif, dans lequel on ménage l'espace nécessaire au jeu de la traverse H ; elle a son centre percé d'un trou cylindrique pour le passage de la pièce G.

L, boîte circulaire de fonte, destinée à empêcher les matières de venir se mettre dans le mouvement, et de les tenir écartées du centre.

M, bordure de bois de chêne formant le contour de la meule gissante, dont elle recouvre une partie : elle est cerclée de fer.

N, entaille rectangulaire pratiquée dans la meule et dans la bordure de bois, fermée par une planche. C'est par ce trou qu'on fait tomber la pâte quand elle est suffisamment broyée.

O, meules verticales de pierre dure, du poids chaque de 3000 kilogrammes environ. Elles roulent sur le cercle de la meule inférieure, qui n'est pas recouvert de bois. De cette disposition il résulte que les meules écrasent les graines, non-seulement par pression, mais encore par froissement, puisque leur contour est cylindrique, et que roulant sur une surface plane, elles sont obligées à chaque instant de pivoter sur le milieu de leur épaisseur ; leurs centres, garnis de boîtes de fonte avec des rebords appliqués contre leurs faces, sont traversés par un axe de fer P, qui passe également dans un trou allongé de l'arbre vertical D. Les côtés de ce trou sont garnis de lames d'acier, qu'on remplace quand elles sont usées.

Q, pièces de fonte fixées parallèlement entre elles sur l'arbre vertical ; c'est à travers ces pièces que passent librement les tiges aaa et b, qui portent dans le bas les ramasseltes, qui ramènent constamment la matière sous les meules et la font tomber dans la trappe, qu'on ouvre quand elle est suffisamment broyée.

R, levier au moyen duquel on lève les ramasseltes.

Moulin à broyer les couleurs. (Fig. 1, 2 et 3.)

La meilleure machine inventée pour broyer les couleurs est celle de Conté, elle est composée des pièces suivantes :

A, bâti de bois ou de fonte. — B, barres de consolidation. — C, meule inférieure fixe, de fer, environnée d'un cercle de fer galvanisé D, qui retient la couleur. — E, ouverture pour le passage de la couleur broyée. — F, récipient de cuivre recevant la couleur broyée. — G, meule supérieure tournante. — H, ouverture introduisant la couleur entre les deux meules. — I, axe vertical qui fait mouvoir la meule supérieure G. — J, roue d'angle, horizontale. — K, roue d'angle, verticale, engrenant avec la roue J, et placée sur l'axe L, portant une manivelle M, faisant tourner la meule G. — N, volant portant une manivelle O sur un de ses rayons, où le fixe un écrou P. — Q, trémie. — R, auget suspendu par une chaîne S. — T, vis servant à tendre plus ou moins la chaîne S et à régler l'inclinaison de l'auget R. — U, anses du récipient F. — V, robinet pour soutirer la couleur.

Moulin à bras portatif. (Fig. 4.)

Dans cette machine, de l'invention de M. C.-P. Molard, les meules sont plates, légèrement concaves, et de fonte dure ; leur diamètre est de 0ᵐ,25, leur épaisseur de 0ᵐ,7. Elles sont placées dans une position verticale ; l'une est fixe et l'autre mobile ; leurs surfaces mouvantes sont sillonnées par des cannelures angulaires, obliques par rapport au rayon. Le grain est fourni régulièrement par un petit cylindre de fonte à trois gorges, qu'on nomme *bail-blé* ; il reçoit le mouvement de l'axe du moulin au moyen de deux petites roues d'engrenage. Les meules A sont assujetties dans une caisse à deux compartiments B, C, ferrés de manière qu'on peut les séparer en dévissant un anneau qui sert de poignée.

Le compartiment B reste uni au moulin, tandis que le compartiment C s'en détache et se pose à terre, au-dessous du sac D. — Le moulin étant fixé sur un banc ou toute autre pièce de bois E, on met la trémie F en place, on suspend le sac D au-dessous de l'anche du moulin, en passant les glands G dans deux trous pratiqués au fond de la caisse B et dans la rainure H, puis on visse au bout de l'axe I, la manivelle K, dont la douille L s'avance tout près de la traverse M, sans la toucher, ce qui s'obtient au moyen d'un

tampon à vis N, qu'on enfonce plus ou moins dans la douille. — Pour rapprocher la meule tournante de la meule fixe, jusqu'à ce que la farine sorte assez fine, il suffit de faire avancer l'écrou O, monté sur l'axe I, contre la traverse M, où un petit déclic le maintient en place.

Il y a entre l'écrou et la traverse une bague d'acier trempé qui adoucit le frottement occasionné par la réaction de la meule. — P, clef pour visser et dévisser la manivelle.

Ce moulin, qu'un poids est d'environ 12 kilogrammes, suffit pour lui imprimer le mouvement convenable, trente tours par minute, produit 10 kilogrammes de mouture de froment par heure.

Moulin américain. (Fig. 5.)

Ce moulin, de fonte, offre une composition très simple ; il consiste en deux petites meules de 0ᵐ,11 de diamètre, en fonte dure. — A, meule fixée par ses bords avec des vis *aa*, contre un plateau de bois B. — C, meule mobile à l'aide de la manivelle D. — E, vis de pression agissant sur une pièce de fer ou équerre F, et qui tient la meule mobile appliquée contre la meule fixe, au degré qu'on désire. — G, trémie qui reçoit le grain. — H, ouverture par laquelle le grain entre dans le moulin. — I, ouverture de sortie. — Un poids de 5 kilogrammes peut faire mouvoir ce moulin, qui donne 8 kilogrammes de mouture par heure.

Moulin à chocolat. (Fig. 6 et 7.)

Ce moulin, qui remplace très avantageusement, dans presque toutes les fabriques de chocolat, les mortiers dans lesquels la pâte était broyée, est mis en mouvement par une machine à vapeur.

A, bloc ou support creux et chauffé.

B, table de granit, de marbre ou de pierre très dure, à rebord saillant *bb*.

C, cylindres coniques de granit, porphyre ou pierre lithographique ; ils sont montés sur des axes et tournent dans le même sens.

D, couteaux qui ramassent la pâte au fur et à mesure qu'elle passe sous les cylindres, qu'ils suivent dans leur mouvement de rotation.

E, arbre communiquant à la machine le mouvement de rotation qu'il reçoit du moteur.

Pl. 42

MOULIN A BROYER LES COULEURS

MOULIN A BRAS PORTATIF

Profil
Fig. 1

Elevation
Fig. 2

Fig. 3

MOULIN A CHOCOLAT

Elevation *Fig. 6*

MOULIN AMÉRICAIN
Fig. 4

Plan
Fig. 5

Plan *Fig. 7*

Pl. 13

NORIA

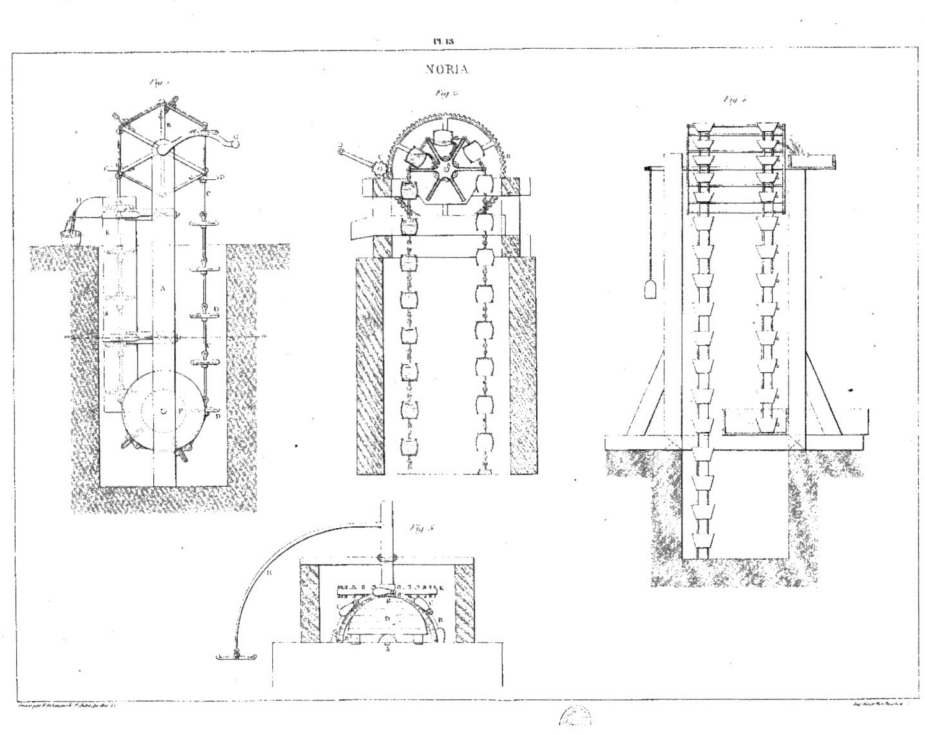

Chapelet hydraulique. (Fig. 1.)

Pour élever de l'eau à des hauteurs indéterminées, le chapelet hydraulique se compose d'une chaîne sans fin ordinairement faite en cuivre, dont les maillons, réunis à articulation, portent des disques de cuir fort, qu'on fait circuler à l'aide d'un tambour, et qui, en passant successivement dans un tuyau vertical, dont le bas plonge dans l'eau et a le même calibre que les disques, élèvent l'eau dans ce tuyau, de la même manière qu'un piston la fait monter dans une pompe ordinaire.

A, deux moises de bois servant de support à toute la machine.

B, tambour de forme hexagonale, au moyen duquel on fait circuler la chaîne.

C, chaîne sans fin, à mailles articulant dans le même plan vertical, ayant la même longueur que le côté de l'hexagone du tambour B.

D, disques en cuir fort, maintenus perpendiculairement sur chaque maille, entre deux rondelles métalliques d'un diamètre un peu plus petit, afin que le cuir déborde.

E, tuyau vertical, dans l'intérieur duquel circule la chaîne.

Le bas de ce tuyau, de a en b, sur une longueur d'une fois et demie la distance des disques entre eux, a le même calibre que les disques, et toute la partie supérieure d'un calibre un peu plus grand.

F, poulie de renvoi qui dirige la chaîne et les disques dans le tuyau vertical.

G, manivelle pour faire tourner le tambour.

H, déversoir.

Cette machine doit plonger dans l'eau jusqu'en mn.

Les chapelets hydrauliques peuvent être employés avec avantage aux épuisements des eaux dans les travaux publics, soit verticalement, soit sous un angle quelconque.

Noria. (Fig. 2.)

Machine à monter de l'eau, composée d'un treuil A sur lequel est portée une chaîne sans fin. Le long de cette chaîne sont attachés des augets de tôle. En imprimant un mouvement de rotation au tambour, la chaîne est entraînée, les seaux d'un côté sont pleins et ascendants, tandis que ceux de l'autre côté sont vides et descendent renversés. — Le mouvement de rotation est communiqué à l'arbre, soit par une roue B, dans laquelle engrène le pignon C, d'une manivelle D tournée à bras d'homme ou par un manège. — Le tambour hexagone porte six bras égaux sur lesquels la chaîne plie.

Noria de Catalogne. (Fig. 3.)

Machine facile à construire, composée d'une roue verticale B ou tambour, formée de planchettes, soutenues par quatre rayons, et ayant sa circonférence garnie de pots CC qui sont attachés avec des cordes. — Des chevilles horizontales traversent ce contour et vont saillir sur l'un des bords pour servir d'alluchons d'engrenage avec les chevilles d'une roue horizontale E, dont l'arbre est mis en mouvement par un homme ou une bête de somme attelé à l'extrémité du levier courbe H et manœuvrant autour du centre A. — Une auge D, dont le dossier F est arrondi en haut, reçoit l'eau des pots. — Pour que l'air ne s'oppose pas à l'entrée de l'eau dans les pots, on pratique un petit trou à leur fond. — Cette machine, qui n'est applicable qu'à des puits très peu profonds, peut cependant rendre de bons services en améliorant sa construction.

Noria à contre-poids. (Fig. 4.)

On peut employer la force d'une chute d'eau pour monter les augets d'une noria en faisant porter deux chaînes à l'arbre d'un tambour; les uns puisent le liquide et l'élèvent, comme dans la noria figure 2; les autres reçoivent une partie de l'eau de la source, et rendus plus pesants par le poids additif, descendent et forcent le treuil à tourner. Ce dernier poids est alors la force motrice, et il est inutile de dire que tous les derniers seaux descendants étant pleins, ils doivent former un poids total plus considérable que celui de l'eau de ceux qu'on veut élever, puisqu'ils doivent équilibrer ce dernier poids et surmonter les frottements.

Métier Jacquard.

Cette ingénieuse machine, qui a rendu de si importants services à la fabrication des étoffes brochées, très compliquée en apparence, agit néanmoins d'une manière fort simple. Tout son jeu est assujetti au mouvement d'un levier que le tisserand lui-même fait monter et descendre au moyen d'une pédale, de sorte que sans l'aide de personne, quand la pièce est montée, il peut exécuter les dessins les plus compliqués, comme s'il n'avait à faire qu'une toile ordinaire.

Fig. 1. Élévation de la face antérieure, supposée abaissée.

Fig. 2. Coupe transversale, vue en élévation dans sa plus haute position.

Fig. 3. Même coupe, mais dans sa position inférieure.

A, bâti en bois avec traverses, laissant entre elles un intervalle xy, pour l'emplacement et le jeu du châssis mobile B, oscillant autour des deux points fixes aa.

C, pièce courbée de fer fixée d'une part sur la traverse supérieure du châssis B, et de l'autre sur la traverse intermédiaire b où elle présente un espace incliné c.

D, axe carré de bois, mobile, qui occupe le bas du châssis mobile B ; les quatre faces de cet axe sont percées de trous ronds, égaux, alignés en quinconce. Des dents a′ (fig. 5) sont plantées sur chaque face, et servent de repères à des trous correspondants a″ (fig. 8) pratiqués sur les cartons qui forment la chaîne sans fin du tissage. — Le bout de droite de l'axe D coupe sur une échelle double (fig. 4), porte deux plateaux carrés de tôle d maintenus par quatre fuseaux e ; c'est une espèce de lanterne dans les fuseaux de laquelle les crochets des leviers ff tournant autour des points fixes gg′, en dehors du montant de droite A, s'engagent à la volonté du tisserand, en tirant ou lâchant le cordon z pendant le mouvement oscillatoire du châssis B. — E, pièce de bois en forme de T, dont la tige passe librement dans la traverse b et dans la traverse supérieure du châssis B, et dont la tête s'appliquant successivement contre les deux fuseaux C qui se trouvent en haut, d'abord par l'effet de son poids, et ensuite par l'effet du ressort à boudin h. — F, traverse qu'on fait mouvoir dans le sens vertical, au moyen du levier G, dans les rainures i pratiquées en dedans des montants fixes A. — H, pièce de fer recourbée, fixée d'un bout sur la traverse F hors du plan vertical de la pièce C, l'autre bout porte un galet j qui s'engageant dans l'espace curviligne C de la pièce C, force celle-ci, et par conséquent le châssis B, à s'écarter de la verticale ou à y revenir, suivant que la traverse F est en haut ou en bas de sa course (fig. 2 et 3). — l, joues de tôle, attachées d'un côté et de l'autre à la traverse F, qui servent de base à une espèce de griffe K, composée de huit lamettes métalliques, qu'on voit en coupe (fig. 2 et 3), et en grand (fig. 5). — J, broches verticales

en fil de fer dont le haut, recourbé en crochet, se place sur les lamettes K, le bas aussi recourbé embrasse les petites barrettes en bois l. A ces crochets d'en bas sont attachées des ficelles qui, après avoir traversé une planchette fixe mn percée de trous correspondants, vont s'attacher aux fils à maillons qui doivent soulever les fils de la chaîne. — K, broches ou aiguilles horizontales disposées sur huit rangées, de manière que chaque broche corresponde à chacun des trous de l'axe carré D.

Fig. 6. Une broche horizontale. — n, œil pour le passage de la broche correspondante. — o, œil allongé, qui reçoit une petite broche fixe. — p, petits ressorts à boudin placés dans chaque trou de l'étui qq (fig. 5).

Fig. 8. Fragment de la chaîne sans fin, formée de cartons percés que l'axe D, en tournant sur lui-même, fait circuler. Dans ce mouvement, chacun des cartons percés de trous vient successivement s'appliquer contre les faces du cylindre carré, en laissant à découvert les trous qui se correspondent, et couvrant ceux de la face de l'axe qui n'ont pas leurs correspondants sur le carton.

Maintenant, si le châssis B est abattu et a pris la position verticale que l'on voit fig. 3, le carton appliqué sur la face gauche de l'axe laisse en repos toutes les broches horizontales dont les bouts correspondent à ses trous, mais refoule celles qui tombent vis-à-vis des pleins ; par là, les broches verticales correspondantes 3, 5, 6 et 8, par exemple, poussées hors de leur aplomb, se décrochent de dessus les lamettes de la griffe et restent en place, quand on vient, au moyen du levier G, à élever cette griffe, et les broches nos 1, 2, 4 et 7, qui y sont restées accrochées, sont soulevées, ainsi que les fils de la chaîne qui y sont attachés. Alors passant la duite de couleur, de même que la duite des tissus, et frappant après avoir décroisé la chaîne et redescendu le châssis B, un élément de dessin pris dans les tissus, se trouve fait. — Le carton suivant, qu'un quart de révolution de l'axe carré amène, retrouve toutes les broches à leur première position, et comme il est percé dans un ordre qui diffère du précédent, il fera soulever une autre série de fils de la chaîne ; ainsi de suite pour tous les autres cartons qui composent un système complet d'un dessin achevé.

S'il arrive que des fils de la chaîne cassent sans que l'ouvrier s'en aperçoive, ou bien s'il se trompe à l'égard des fils de couleur, il doit défaire ce qui est défectueux. Pour cela, il fait usage du levier f′ inférieur, dont la fonction est de faire rétrograder la chaîne de carton, en manœuvrant le métier comme à l'ordinaire, et retirant à chaque fois et la duite du tissu et la duite du dessin.

L'ouvrier est d'autant plus sujet à commettre des erreurs, que l'endroit de l'étoffe est en dessous, et que ce n'est qu'à l'aide d'un miroir qu'il regarde de temps en temps son ouvrage.

Pl. 14

MÉTIER JACQUART.

Fig. 1.

Fig. 3.

Fig. 2.

Fig. 6.

Fig. 5.

Fig. 4.

Fig. 8.

Fig. 7.

Pl. 15.

ALLESOIR

Elévation
Fig. 1

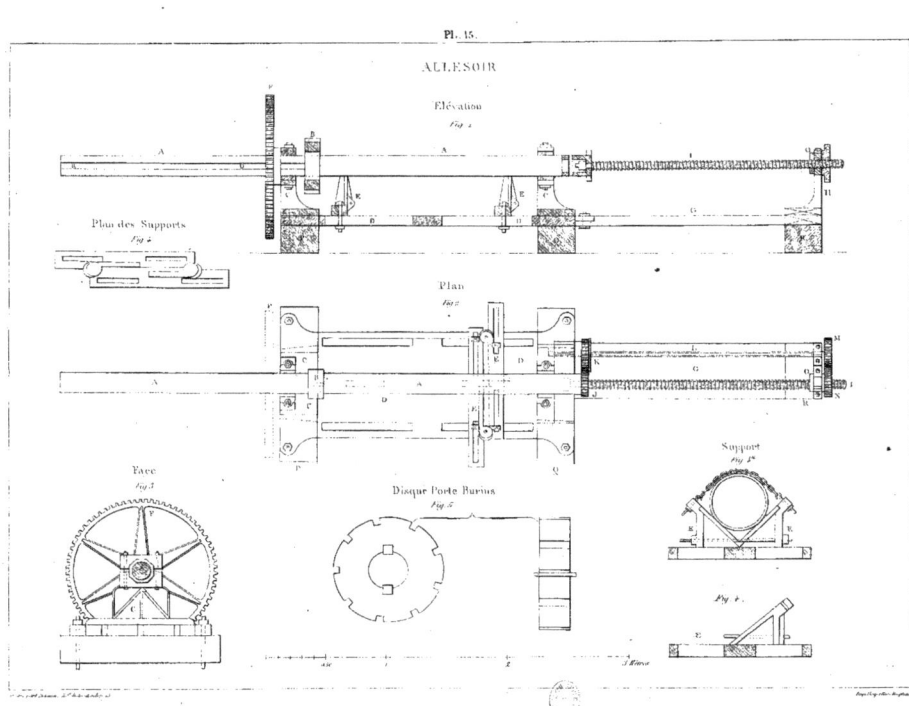

Plan des Supports
Fig. 4

Plan
Fig. 2

Face
Fig. 3

Disque Porte Burins
Fig. 5

Support
Fig. 5ᵉ

Fig. 6

Alésoir.

Machine employée pour rendre cylindrique et polir la surface intérieure des tuyaux, corps de pompe, bouches à feu, etc. — L'objet à aléser étant solidement fixé, l'aléseur effectue son travail en tournant sur lui-même et en avançant dans le sens de son axe. — La machine représentée ci-contre est fixée, au moyen de boulons, sur trois massifs de pierre ou de fonte P, Q, R.

A, axe horizontal porte-burins. — ab, rainure de $0^m,025$ carré, pratiquée dans la moitié de sa longueur. — B, disque de fonte fixé d'une manière invariable sur l'axe A et dont la circonférence est armée de burins d'acier qui opèrent le travail de l'alésage. Ces burins, toujours en nombre impair, afin que deux ne se trouvent pas directement opposés, sont tenus dans des entailles, par le moyen de coins de fer. — O, poupées de fonte qui reçoivent, dans des collets à chapeaux, l'axe horizontal A, dans lequel celui-ci doit se mouvoir librement. — D, plaque de fonte sur les bouts de laquelle s'élèvent d'équerre les deux poupées C; c'est sur cette plaque, percée de mortaises parallèles dans le sens de sa longueur, qu'on place et qu'on fixe, par le moyen de boulons et de vis de rappel, les supports des tuyaux, d'une manière convenable au travail.

E, supports du tuyau; il y en a quatre, et chacun est formé d'un patin qui pose sur la plaque D, et d'un plan incliné à 45 degrés, de sorte que deux de ces supports étant placés en sens inverse, à côté l'un de l'autre, présentent un angle droit, dans lequel on assujettit chaque bout de tuyau au corps de pompe, avec une chaîne et des vis (fig. 4).

F, grande roue d'engrenage de fonte, qui donne le mouvement de rotation à l'axe porte-burins A, tout en lui conservant la faculté de se mouvoir dans le sens de sa longueur. A cet effet, la roue, percée à son centre d'un trou cylindrique égal au diamètre de l'axe A, porte une clef d'acier qui entre et glisse librement dans la rainure ab.

G, plaque de fonte jointe à boulons contre la pièce prolongée D; elle porte en retour d'équerre, à son extrémité de droite et de la même pièce, une poupée H, qui s'élève au même niveau que les poupées C.

I, vis à pas carré, fixée au centre et dans le bout de l'axe A.

J, roue d'engrenage de 23 dents, fixée sur le même bout de l'axe A, et qui tourne avec lui

K, roue d'engrenage de 25 dents, menée par la précédente, sur le côté droit; un rebord sert à la maintenir dans le plan de J.

L, axe rond de fer, placé parallèlement à la vis I, et sur lequel glisse librement la roue K, tout en l'entraînant dans son mouvement de rotation, à l'aide d'une clef qui pénètre dans une rainure pratiquée longitudinalement sur cet axe.

M, roue d'engrenage de 28 dents, placée sur l'axe L, en dehors de la poupée H.

N, roue d'engrenage de 25 dents, qui mène la roue précédente, et que porte l'écrou de cuivre O, dans lequel passe la vis I.

FIG. 3. Vue de face des poupées C.

FIG. 4 et 4 b. Vue des supports, avec les moyens employés pour maintenir le tuyau à aléser.

FIG. 5. Plan et profil d'un disque porte-burins, avec l'indication des moyens d'y fixer celui-ci.

Des diverses dispositions que nous venons de décrire, il résulte :

1° Que l'axe A, venant à tourner sur lui-même, entraîne, dans son mouvement de rotation, le disque porte-burins B;

2° Qu'il entraîne dans le même mouvement la vis I, qui, s'engageant dans l'écrou O, le parcourrait avec toute la vitesse due au rampant de la vis, si cet écrou restait en repos;

3° Que cet écrou ayant, par l'effet des roues d'engrenage J, K, M et N, un mouvement dans le sens de la vis seulement, retardé de $0^m,16$, pour chaque révolution de la vis, et, par conséquent, de l'axe porte-burins, ceux-ci avanceront dans le sens horizontal, d'une quantité égale aux $0^m,16$ du rampant de la vis. On peut donc calculer d'avance le temps qu'il faudra pour aléser un corps de pompe d'une longueur donnée.

Machine à essayer les câbles et les chaînes.

Cette machine est en forme de banc à tirer, soit avec une vis, soit avec une suite de roues d'engrenages, au moyen de laquelle deux hommes peuvent exercer une grande puissance sur la chaîne soumise à l'épreuve. — Une chaîne de 12 mètres, à mailles courtes et droites, faite avec soin et en bon fer, portant 20 millimètres de diamètre, supporte, sans se casser, un effort de plus de 15 000 kilogrammes, et s'allonge d'environ 0m,08 par l'effet de l'élasticité des mailles. Il n'en est pas de même d'une chaîne à mailles torses; elle s'allonge beaucoup plus.

Fig. 1, profil; Fig. 2, plan. — AA, bâti de bois, fait de deux fortes pièces assemblées parallèlement et soutenues sur des pieds, comme un banc de tour; leur intervalle est garni d'un madrier sur lequel on pose la chaîne à l'essai. — B, levier de fer ayant son point d'appui en a, sur une masse de fonte boulonnée contre le bout du bâti; l'application de la puissance en b, où la chaîne est attachée, et son point de résistance en c, de sorte que le rapport du petit bras du levier est plus grand et égal à 1/20. — C, second levier, divisé dans le même rapport; il a son point d'appui en d, sur le support du milieu de l'établi, son point d'application de la puissance en e, par le moyen de la bride de fer f, et sa résistance en g, par le moyen de poids placés sur un plateau de balance h. — C'est avec ces deux romaines successives qu'on tient registre et qu'on mesure la force de tension exercée sur la chaîne, et d'après le rapport de leur division, on trouve que 500 kilogrammes sont tenus en équilibre par 1kil,25 et par conséquent 50 000 kilogrammes par 125 kilogrammes. D, pièces en fonte de fer qui servent de cage et de support aux axes des roues et des pignons d'engrenage. — E, treuil de fer, dont la surface est creusée en forme de vis, dans laquelle s'enroule le bout de la chaîne fabriquée à courtes mailles; elle est terminée par deux maillons i, traversés par une cheville de fer qui sert à y attacher la chaîne à essayer. — F, forte roue d'engrenage montée sur l'axe du treuil. — G, pignon qui mène la roue précédente. — HIJ, trois roues qui sont successivement commandées par les pignons KLM et N. — O, manivelles fixées sur l'axe des pignons L et N, lequel axe a la faculté de se mouvoir dans le sens de sa longueur, pour placer à volonté lesdits pignons dans les plans des roues HI et J suivant l'effort qu'on veut exercer. — P, arrêt pour maintenir l'axe des manivelles. L'axe de la roue J, a aussi la faculté de se mouvoir dans le sens de la longueur, afin de pouvoir désengrener à volonté le pignon M d'avec la roue I.

Avec cette machine, un homme, dont la force momentanée appliquée à tourner une manivelle peut être évaluée à 15 kilogrammes, produira à lui seul sur la chaîne un effort de 337 075 kilogrammes.

Machine à fabriquer les chaînes.

C'est seulement depuis 1808 que la marine a remplacé les câbles de fer à ceux de chanvre; la principale considération à avoir dans la fabrication des premières est de se [...] la plus grande solidité possible, et, dans son emploi, d'opposer toujours la nervure du fer à la force de tension. — D'après les expériences faites pour s'assurer de la forme la plus solide et la plus convenable à donner aux mailles d'une forte chaîne, on a adopté celle représentée fig. 8, qui a un étai de fonte à bouts larges A, et dont le profil se voit fig. 3. — Diverses machines sont employées à la fabrication des chaînes, le fer en barres rondes de calibre convenable, après avoir été chauffé dans un fourneau à réverbère, est coupé par bouts égaux et en biseaux opposés pour former le croisement et l'amorce de la soudure, à l'aide d'une cisaille, fig. 5, mue à bras d'homme ou avec une machine à vapeur. AB, branches en fonte de la cisaille, dont la première est fixe, et la seconde mobile, à l'aide d'un axe C qu'anime un fort volant D; les mâchoires coupantes sont garnies de lames d'acier rapportées avec des boulons. — E, barre de fer à couper, présentée obliquement. — F, arrêt qui sert à déterminer la longueur constante que doit avoir chaque bout.

Machine à plier, fig. 7, 8 et 9. — A, madrier elliptique de fonte, fixé sur un poteau B. — C, mâchoire d'étau qu'une vis à carré serre contre le mandrin A. — D, partie du mandrin comprise entre x et y, disposée en plan incliné, afin de réserver, entre les deux faces qui doivent être soudées ensemble, un intervalle égal au diamètre de la barre. — E, coulisses rectangulaires passant par le centre du noyau du mandrin, dans lesquelles glisse librement chacun des tasseaux F. — G, levier horizontal de fer, de 2 mètres de long, il porte en-H une poulie ou galet d'acier qu'on peut faire changer de place suivant le diamètre des mailles. — Le morceau de fer destiné à faire une maille étant coupé, est apporté, pendant qu'il est encore rouge, à la mâchoire à plier; on le saisit avec la mâchoire de l'étau C, par un de ses bouts, en tournant la coupe oblique en dessus; alors ce morceau de fer a la direction horizontale mn (fig. 7): poussant le levier G dans le sens de la flèche, le galet H forcera successivement mn à s'appliquer dans la rainure elliptique du mandrin, et finalement les deux faces qui doivent être soudées, seront vis-à-vis l'une de l'autre.

Presse à levier, fig. 10, pour serrer les mailles sur leurs étais A, lorsqu'elles sont soudées. — A, forte pièce de bois ayant la forme d'une équerre, dont une branche est posée horizontalement et fixée sur un massif au moyen de boulons; l'autre branche, composée de deux joues laissant entre elles un espace de 0m,054, s'élève verticalement. Ces deux joues sont réunies dans le haut et en arrière de leur plan par une traverse B. — C, deux poupées à lunettes placées à droite et à gauche des joues, à travers lesquelles on passe un mandrin D qui représente et tient lieu de la maille suivante. — E, levier de la presse de 2 mètres de long. — F, étampe et contre-étampe entre lesquelles on passe la maille à l'instant où l'étai A' est placé convenablement; on a de ces étampes, ainsi que des poupées à lunettes C, de rechange pour chaque numéro de chaîne. Aussitôt que la soudure est terminée, et pendant que le fer est encore rouge, la maille est placée verticalement entre les étampes F; alors un ouvrier introduit dans les poupées à lunettes le mandrin D, et présente ensuite l'étai avec une tenaille, tandis qu'un autre ouvrier abat fortement dessus le levier E. Cette compression mécanique fait d'abord parfaitement joindre les côtés de la maille contre les bouts concaves de l'étai; et ensuite, le refroidissement du fer augmente encore cette compression.

MACHINE A ESSAYER LES CABLES ET LES CHAINES

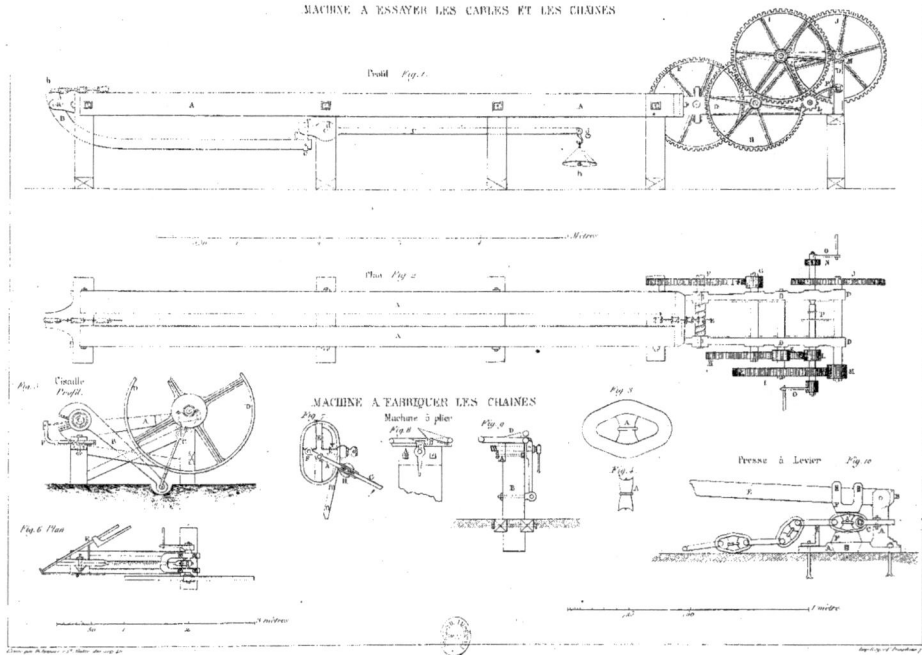

Profil Fig. 1.

Plan Fig. 2.

Cisaille Profil.

MACHINE A FABRIQUER LES CHAINES

Machine à plier

Fig. 7.   Fig. 8.   Fig. 9.   Fig. 8.

Fig. 6 Plan

Presse à Levier Fig. 10

Pl. 17.

GRUES

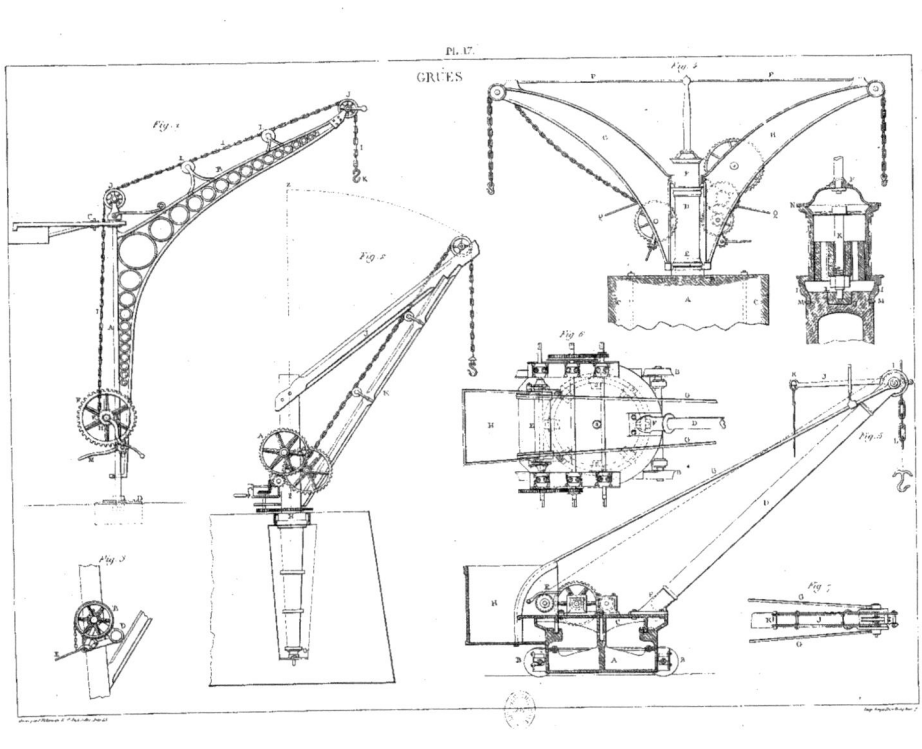

Fig. 1   Fig. 4   Fig. 2   Fig. 6   Fig. 3   Fig. 5   Fig. 7

Grues.

Sortes de potences tournant sur elles-mêmes, pour le chargement et le déchargement de lourds fardeaux.

Grue simple toute de fer et fonte. (Fig. 1.)

A, montant ou fût vertical.

B, moises.

C, collier. — D, crapaudine. — E, treuil de fonte, dont la surface, dans le cas d'une forte grue, est sillonnée en hélice pour l'enroulement de la chaîne ou du câble.

E, roue d'engrenage de fonte, montée sur l'axe du treuil. — G, pignon fixé sur un axe de manivelle, qui a la faculté de glisser dans le sens de sa longueur, afin d'engrener ou de désengrener à volonté. — H, roue à frein, fixée sur l'axe du treuil, à l'opposé de la roue d'engrenage, ou faisant partie de cette roue. — I, chaîne à mailles courtes. — J, poulies. — K, crochet pour saisir les colis. — LL, poulies de soutènement. — M, levier pour modérer le mouvement du treuil.

Grue fixe à révolution complète, à double engrenage. (Fig. 2.)

Pour soulever de très lourds fardeaux, on fait des grues à double engrenage, qui en multiplie la puissance, en ajoutant une roue et un pignon du même diamètre que les précédents. L'axe à manivelle devient un axe intermédiaire, qui, outre le pignon H , porte cette deuxième roue A , et , par l'autre côté, une roue à frein B.

Fig. 3. Un cercle de fer mince, mais large, dont un des bouts est fixé en c sur la pièce immobile de fonte D, et l'autre, à l'extrémité du levier E, entoure, sans la toucher, la roue B, mais qu'il presse de toute part quand on veut à soulever ce même levier E.

F (fig. 2), pignon monté sur l'axe des manivelles.

Les grues, faisant sur elles-mêmes une révolution complète, sont ordinairement placées dans un puits de 4 mètres de profondeur environ, dont le fond porte la crapaudine G, et l'entrée un collier H de fonte , dans lequel le fût , garni d'un tourillon et d'un manchon métalliques, pose et tourne librement. — I, fût. — J, moises. — K, lien dont l'étendue, mesurée horizontalement, est de 4^m,80 ; de sorte que le fût, qui n'a réellement que 7^m,70 ou 8^m,30 se trouve avoir près de 11^m,50 par rapport au point d'application du fardeau qu'on peut supposer en Z, agissant dans une direction horizontale à l'aide d'une poulie de renvoi, sur laquelle passerait la chaîne. Il faut donc que le fût 1 ait une force proportionnée aux poids qu'on veut soulever. On met sur les côtés du fût deux fortes barres de

bon fer, corroyées en fuseaux mi-plats, portant, vis-à-vis le collier, 0^m,18 à 0^m,20, de largeur et 0^m,18 à 0^m,20 d'épaisseur; lesquelles barres sont embrassées par le manchon, par des frettes, et recouvertes en haut par les joues ou fardes, qu'on ajoute pour former la dimension nécessaire à la longueur du treuil.

Grue fixe de fonte, à deux bras. (Fig. 4.)

Cette machine est supportée par un fort massif de maçonnerie A , qui est percé par une galerie faisant le tour de la base de la grue. Le patin BB est maintenu par six grands boulons CC. — L'arbre D, cylindrique et creux, est engagé dans le patin B ; sa base E et son chapiteau F sont mobiles, et peuvent tourner autour au moyen de galets.

Le chapiteau F, qui transmet à l'arbre tout le poids des bras GH de la grue, est la pièce la plus compliquée; on y remarque la pièce de l'arbre H, embrassant le tourillon J de l'arbre. La pièce des flasques, dans l'intérieur de laquelle se trouve le boulon K, portant sur la crapaudine L , est destinée à soulever un peu la pièce L au-dessus de son embase M, afin de faciliter la rotation. — Il en résulte que l'extrémité arrondie de ce boulon K, ou pivot, supporte tout le poids de la machine. La pièce N ferme la cage carrée qui forme la pièce des flasques et soutient la grande traverse PP qui relie les deux bras GH de la grue. — Ces bras peuvent être élégis par des ouvertures quelconques ou des cercles à jour. — Deux systèmes d'engrenages servent à transmettre le mouvement; celui du bras gauche G est destiné aux petits fardeaux , l'autre H aux fardeaux considérables. — QQ, freins servant à modérer l'action de la descente des fardeaux. — Pour la manœuvre, il faut deux hommes aux manivelles et un aux freins.

Grue mobile. (Fig. 5.)

Cette grue , qui a l'avantage de pouvoir être transportée d'un lieu à un autre, est formée d'un chariot A , muni de galets BB.

C, plaque mobile portant les engrenages , le fût D et le treuil E.

La flèche ou fût D est maintenu par une chappe F ou par deux tringles GG, qui sont attachées, à leur partie inférieure, sur les côtés de la caisse H, servant à contenir le lest qui doit faire équilibre au poids du fardeau à soulever.

I, poulie de tête, qui reçoit la chaîne du treuil. A cette poulie est ajustée une romaine J, dont l'extrémité K porte un plateau qui reçoit le poids, et à l'autre extrémité une chaîne L et un crochet pour suspendre les fardeaux.

Fig. 6. Plan de la grue mobile.

Fig. 7. Poulie de tête vue en dessus.

Sonnettes.

Les sonnettes sont des machines employées pour enfoncer des pieux et des pilots. Il y en a de plusieurs espèces; les deux qui sont le plus en usage sont la tiraude et la sonnette à déclic.

La *tiraude* (fig. 1, profil; fig. 2, face; fig. 3, plan) est formée par trois pièces de bois disposées obliquement en forme de pyramide triangulaire, liées entre elles par deux enrayures triangulaires, l'une la base ou *sole*, l'autre en haut, maintient une ou deux poulies de fonte ou de cuivre.

A, *sole* ou patin. — B, *rancher*, pièce garnie de chevilles ou de taquets servant d'échelons pour monter au sommet. — C, deux montants à coulisse, soutenus par deux enrayures. — D, madrier freté en fer, avec deux tenons ou oreilles avec des clefs en arrière. — E, *mouton* destiné à frapper sur la tête du pieu F à enfoncer, comme ferait un énorme marteau. Ce mouton de fonte, pesant ordinairement de 300 à 400 kilogrammes, est soulevé, à une hauteur de 1 mètre ou 1ᵐ,50, par des hommes, dont le nombre varie de 15 à 24, au moyen de cordes G se réunissant par leur bout supérieur au câble H, qui passe sur des poulies I et est attaché au mouton. S'il y a deux poulies leurs axes convergent (figure 2).

Sonnette à déclic (fig. 4 et 5), combinaison de rouages pour élever un mouton pesant 600 à 700 kilogrammes, à une hauteur de 4 ou 5 mètres au-dessus de la tête du pieu et rendu libre au moyen d'un déclic.

A, tourillons portant le cylindre B, autour duquel s'enroule le câble ou la chaîne.

C, roue dentée fixée au cylindre B, et engrenée dans le pignon D, monté sur l'arbre E qui peut glisser en long sur ses collets pour désengrener. On le fait tourner avec une manivelle double FF.

Un arrêt *a* est fixé au carré sur l'arbre E.

Un levier G, basculant sur l'axe H, agit tantôt sur le pignon D, tantôt sur l'arrêt *a*, et par son mouvement fait engrener ou désengrener le pignon avec la roue.

Tant que l'engrenage a lieu, les ouvriers qui manœuvrent les manivelles font enrouler le câble sur le cylindre, et élèvent le mouton. Mais quand le levier G bascule en poussant l'arbre pour le faire glisser sur ses collets, le pignon cesse d'engrener, et le treuil devenant libre, est entraîné en sens contraire par le poids du mouton, qui retombe en déroulant le câble.

Le bouton *bb*, qui est attaché au châssis du treuil par une chaîne, passe à travers les rayons de la roue, et l'empêche de tourner quand on veut l'arrêter, avant que le mouton ait atteint sa plus grande élévation.

La sonnette à déclic n'exige guère que 4 à 6 ouvriers et l'enrayeur.

Tantôt c'est le mouton lui-même qui se dégage, tantôt c'est le tambour, sur lequel la corde est enroulée, qui cesse d'être retenu par la force motrice. Ce dernier système est généralement préféré, parce qu'il n'a pas des moutons aussi pesants, ni des pieux frétés, ni des équipages massifs; qu'il se déplace facilement, attendu qu'il consiste à ajouter simplement un treuil à la tiraude ordinaire.

Les expériences prouvent les avantages de la sonnette à déclic sur celle à tiraude, faites avec le même mouton, dans le même sol, avec des pieux de mêmes dimensions, enfoncés à refus absolu, c'est-à-dire le pieu n'entrant plus que de 4 à 5 millimètres par volée de 30 coups de mouton, tombant de 2ᵐ,80. On trouve qu'en représentant par 1 le prix de la journée de manœuvre, et celle de l'enraineur par 2, la dépense du battage d'un pieu par la tiraude est d'environ 15,3, tandis qu'elle se réduit à 3,4 par la sonnette à déclic. D'autres résultats semblent prouver que ce dernier système réduit la dépense à environ 0,22 de ce qu'elle est par l'ancienne machine.

Le mécanisme de la presse à volant de Révillon, qui agit par percussion, et à l'aide de la force vive développée par un volant dont la rotation est subitement arrêtée, peut être facilement modifié pour enfoncer et pour arracher les pieux, et remplacer les sonnettes.

SONNETTES

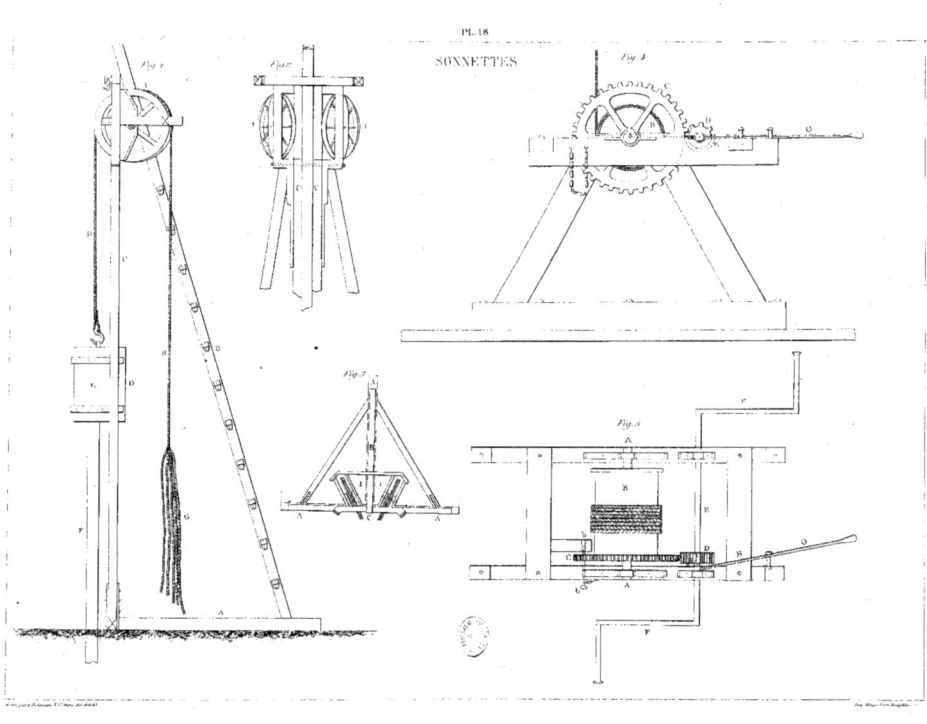

Charrues.

De tous les instruments aratoires, la charrue est celui dont l'utilité est la plus grande, l'emploi le plus général et la construction la plus variable ; aucun n'a motivé autant de modifications et de perfectionnements successifs. On ne peut trouver ici tous les détails de ces modifications, mais on a cherché à y bien faire connaître le mécanisme de cet instrument, et ceux qui offrent le plus d'avantages.

Il y a deux sortes de charrues : les *araires* et les *charrues à avant-train*.

Les pièces principales qui entrent dans la composition de la charrue, sont (fig. 1 et 2, 3 et 4) :

Le coutre A, destiné à trancher la terre verticalement ; il a ordinairement 0ᵐ,50 de longueur, moitié pour le manche, moitié pour la lame ; la largeur de lame est de 0ᵐ,06. *a*, section transversale (fig. 8).

Le soc B sert à couper la terre horizontalement ; son tranchant est oblique, relativement à la direction de la charrue ; sa forme, variable, est le plus communément triangulaire. Sa largeur doit être égale à toute la largeur de la bande de terre retournée par la charrue, ou à peu près de 0ᵐ,30.

Le versoir C ou *oreille*, situé sur le côté droit de la charrue, doit soulever et retourner la partie du sol détachée par le coutre et le soc.

Le cep D, pièce de bois ou de fonte, qui continuant le soc en arrière, forme avec lui la semelle sur laquelle porte l'instrument.

Les étançons E, deux montants destinés à relier entre eux l'âge et le sep, avec lesquels ils forment un quadrilatère.

L'âge, haye ou *flèche* F, pièce solidement unie avec le corps de la charrue à sa partie supérieure et qui se prolonge en avant pour recevoir la puissance de l'attelage, la transmettre aux parties actives de la charrue et régulariser sa marche. L'âge est uni à l'avant-train par une double chaîne G.

Les mancherons H, pour agir momentanément sur la charrue et neutraliser les causes accidentelles qui pourraient troubler l'uniformité de sa marche.

Régulateur I, pour modifier d'une manière permanente la direction du tirage.

L'avant-train J, support de deux roues unies par un essieu, et surmonté d'une sellette destinée à recevoir l'appui de l'âge.

Le coutre est de fer aciéré vers le tranchant ; ses dimensions, surtout son épaisseur, varient suivant la résistance qu'il doit vaincre ; il est droit dans le même plan, coudé ou courbe ; ces différentes formes sont représentées dans les fig. 3, 4, 5, 6 et 7. La section transversale de la lame du coutre est un triangle rectangle (fig. 8), dont le côté gauche, en contact avec le sol, est en parallèle au mouvement de la charrue, tandis que l'hypoténuse du triangle s'écarte suffisamment pour que la lame présente à son dos l'épaisseur voulue par la solidité.

Le soc a la forme d'un coin aigu, quelquefois bien distinct du versoir, comme dans la charrue Valcourt ; quelquefois se raccordant avec lui, comme dans la charrue Dombasle. Dans un grand nombre de charrues, le tranchant du soc forme un angle de 34 degrés environ avec son côté gauche : alors la largeur du soc est à la longueur dans le rapport de 2 à 3 ; quelquefois cet angle est plus aigu, d'autres fois il est plus ouvert et peut atteindre jusqu'à 45 degrés, auquel cas la longueur du soc est précisément égale à sa largeur. Pour une largeur déterminée du soc à la base, la longueur augmente à mesure que l'angle antérieur diminue, (fig. 10). On évite la trop prompte réduction de la largeur en disposant le tranchant suivant une ligne courbe, qui diminue l'acuité et le protège contre l'usure.

La forme du soc est aussi très variable, comme le montrent les figures suivantes : Fig. 11, soc écossais ; — fig. 12, américain, qui est réduit à sa partie usable ; — fig. 13, en fer de lance.

L'ensemble de la construction des charrues, quoique reposant sur des données analogues, offre un grand nombre de modifications de détails que le cadre de cet ouvrage ne permet pas de faire connaître ici.

Les exemples qui se trouvent sur les planches 19 et 20 en donneront une idée générale :

Charrue Granger, fig. 1 et 2, avec avant-train.

Charrue Dombasle, fig. 14 et 15.

Charrue Valcourt, fig. 16 et 17, pl. 20.

Charrue Armelin, fig. 18 et 19, à pointe de soc mobile.

Charrue anglaise, fig. 20 et 21 toute de fonte et de fer.

Charrue américaine, fig. 22 et 23, qui se fait aussi de fonte.

Pl. 19

CHARRUES

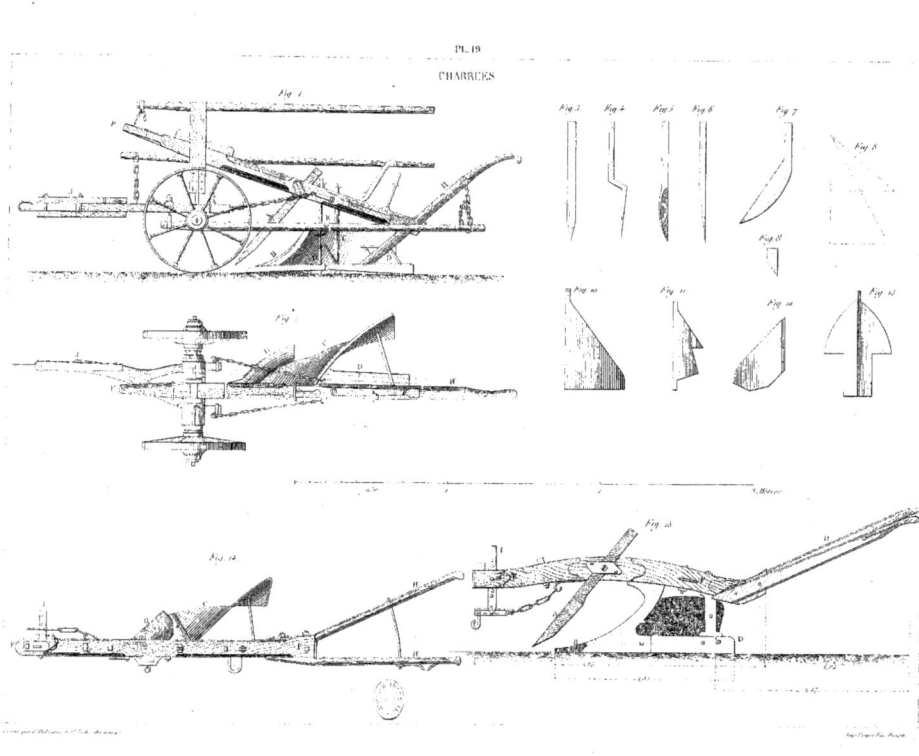

CHARRUES

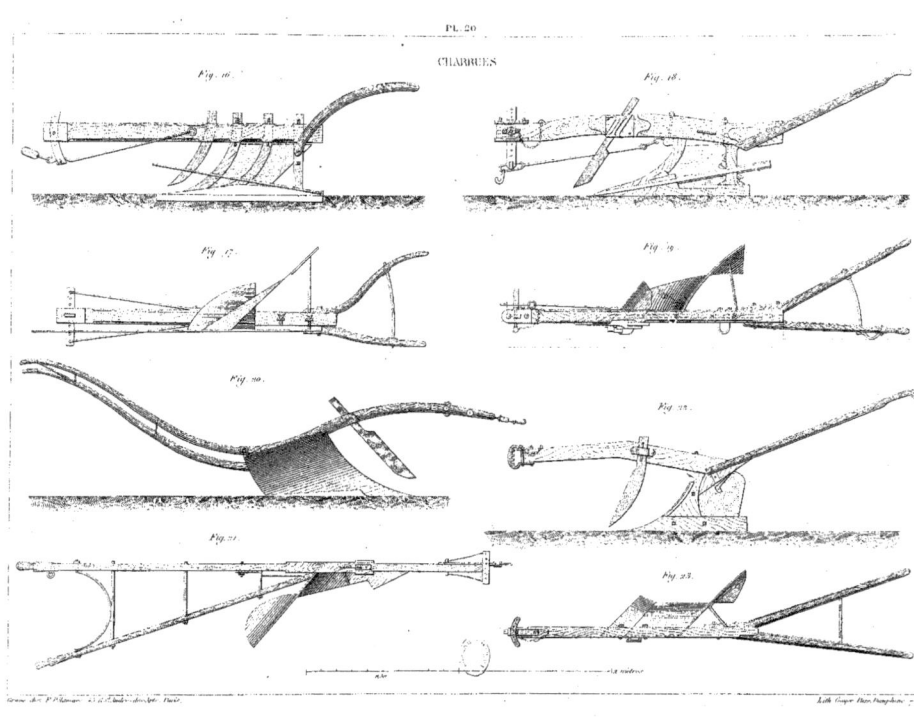

CHARRUE DOS-A-DOS

Fig. 1.

SCARIFICATEUR

Fig. 5.

Fig. 2.

Fig. 6.

EXTIRPATEUR

Fig. 3.

Fig. 7.

Fig. 4.

Fig. 8.

Charrue dos à dos. (Fig. 1 et 2.)

Cette charrue est construite dans le système de celles représentées sur la planche précédente, mais elle est double dans le but d'éviter le détour que fait l'instrument ordinaire au bout de la pièce à labourer pour reprendre un nouveau sillon en sens contraire.

Extirpateur. (Fig. 3 et 4.)

Instrument destiné à opérer la destruction des plantes sauvages dans un champ enherbé, à déchaumer après la moisson ou à donner au sol des cultures superficielles. Quoique assez moderne, l'extirpateur a subi de grandes modifications dans sa construction; le meilleur qu'on connaisse est celui de Valcourt, représenté par les fig. 3 et 4.

Les cinq socs AA sont établis sur deux rangs, et les tiges qui les portent sont espacées de 0m,65, afin de ne pas s'engorger dans les terres motteuses, gazonnées, avec des pieds plus rapprochés. Chaque soc a 0m,36 de largeur de B en B. Si la terre est poisseuse, elle s'attache au bas de la tige, où elle forme une espèce de sabot. Avec des socs étroits, ce sabot pourrait entraver l'action de l'extirpateur; mais, comme la largeur de la pelote de terre qui adhère à chacun des pieds ne dépasse pas ordinairement 0m,15 à 0m,16, il y a 0m,10 des ailes des socs, à droite et à gauche, qui restent nets et tranchent parfaitement la terre et

les racines. Les socs sont tenus par deux tiges; mais il est préférable, dans les terres fortes et pierreuses surtout, de remplacer la tige antérieure par un coutre, qui consolide l'instrument et facilite sa marche. Afin qu'il ait une tendance naturelle à pénétrer en terre, il faut que les pointes c des socs soient de 0m,01 plus basses que les talons D, de sorte que l'extirpateur, étant posé sur un plancher uni, ne porte que sur les cinq pointes c des socs. — On règle l'entrure de l'instrument au moyen du régulateur E, auquel est accroché la volée d'attelage F. Un avant-train n'est nullement nécessaire; seulement, à l'extrémité de l'axe G se trouve une roulette H, que l'on tient soulevée pendant le travail au moyen d'une corde I, attachée au mancheron J, mais qu'on laisse retomber dans la position ponctuée K, afin de pouvoir tourner avec facilité lorsqu'on est arrivé au bout du champ.

L'extirpateur Beatson avait 7 pieds et pouvait être conduit par un cheval; celui de Thaër en avait 11, et exigeait le tirage de deux chevaux.

Scarificateur. (Fig. 5, 6 et 8.)

Ce nouvel instrument, qui a de l'analogie avec le précédent, attaque légèrement le sol et arrache facilement les racines; il est armé de socs pointus et recourbés, en forme de lances, comme le montre la fig. 7, montés à vis et écrous sur des bâtis de bois.

La fig. 8 est celle d'un scarificateur construit tout en fonte, et dont les socs ont une forme beaucoup plus allongée que ceux de l'instrument qu'offrent les fig. 5 et 6.

PLANCHE 22.

Construit pour la conservation des grains, en leur donnant une ventilation active et un remuage fréquemment répété, qui doivent empêcher la fermentation et faire disparaître les insectes destructeurs.

Cet appareil consiste en un cylindre de bois (fig. 1 et 2), construit à claire-voie, tournant horizontalement sur son axe. Le grain qu'on y dépose ne doit pas le remplir entièrement.

Lorsque le grain est mis à même le cylindre, comme dans la fig. 3, la force employée à opérer la rotation doit lutter constamment contre le déplacement du centre de gravité de toute la masse. Pour réduire la puissance nécessaire à cette espèce de pelletage mécanique, M. Vallery place le grain dans une série de compartiments 1, 2, 3, 4, 5, 6, 7 et 8 (fig. 4), groupés autour d'un tube creux A, qui demeure vide et forme le centre de tout l'appareil. Les cases s'équilibrent les unes les autres, et l'effort nécessaire à la rotation se trouve ainsi réduit.

Les ouvertures pratiquées sur l'enveloppe extérieure du cylindre, sont garnies de toiles métalliques qui procurent l'aérage. — Elles donnent entrée à l'air et fournissent un passage aux insectes troublés dans leurs habitudes. Les orifices de la toile métallique sont assez grands pour laisser passer les charançons; ils sont trop petits pour que les grains de blé puissent s'échapper avec eux.

Le tube central A est aussi percé d'ouvertures garnies de toiles métalliques; il est fermé à l'une de ses extrémités et ouvert à l'autre; l'extrémité ouverte est munie d'un ventilateur à force centrifuge B (fig. 1 et 2), qui prend l'air à l'intérieur de l'appareil et le rejette au dehors.

En aspirant l'air contenu avec le grain dans le cylindre, le ventilateur appelle l'air extérieur, le force à traverser toute la capacité du grenier pour venir s'écouler par le tube central.

L'action du ventilateur est combinée avec la rotation du cylindre; le mouvement successif de ce dernier facilite le complet aérage.

Fig. 5. Section du cylindre.

CCCC (fig. 2), rouleaux sur lesquels tourne le cylindre.

On peut construire de ces appareils dont la contenance varie de 25 à 1000 hectolitres.

Pl. 22.

GRENIER VALLERY

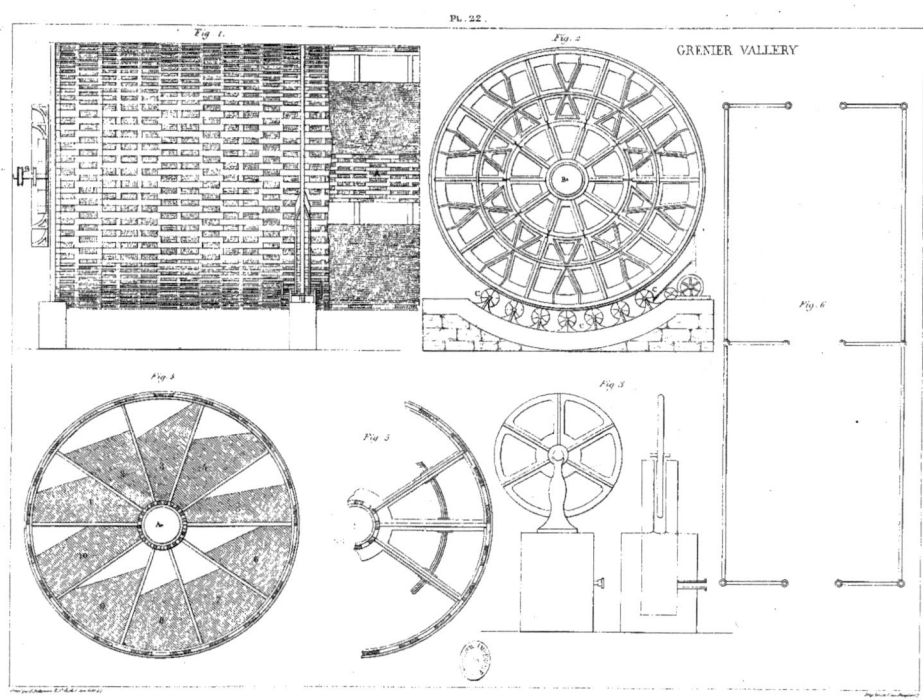

Fig. 1.

Fig. 2.

Fig. 6.

Fig. 3.

Fig. 5.

Fig. 4.

Pl. 23

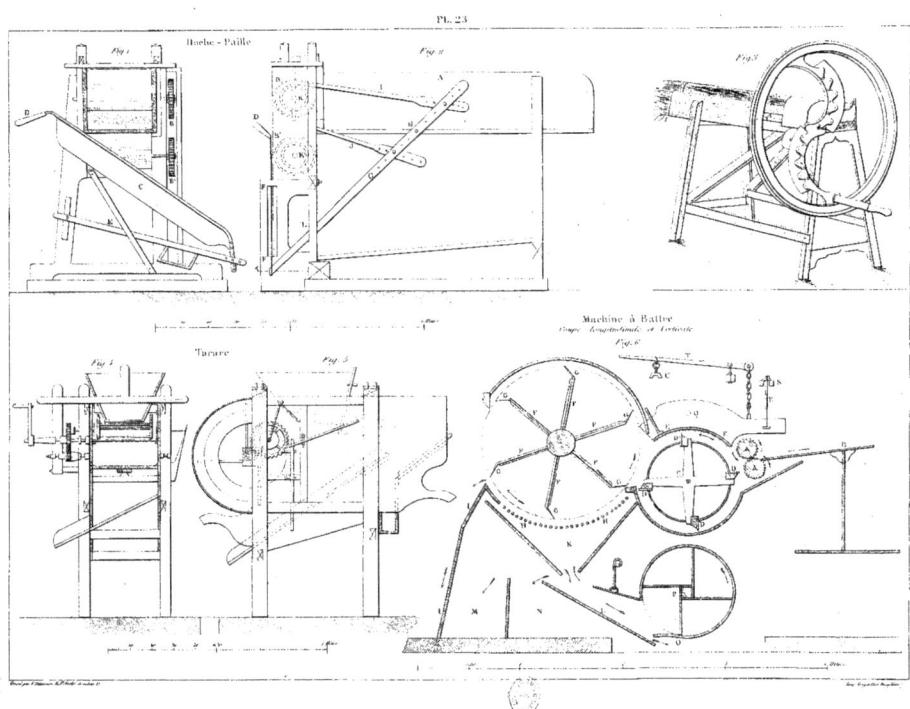

Hache - Paille

Fig 1   Fig 2   Fig 3

Machine à Batre
Coupe longitudinale et verticale
Fig 6

Tarare

Fig 4   Fig 5

PLANCHE 23.

Hache-paille. (Fig. 1 et 2.)

Instrument qui sert à diviser la paille et les fourrages en menus brins de longueurs variables. On lui a donné un grand nombre de formes, celui dit *allemand*, perfectionné par Dombasle, est la plus ingénieuse machine de ce genre. Il se compose comme l'indiquent les figures 1 et 2.

A, auge horizontale dans laquelle on met la paille à découper.

BB', deux cylindres engreneurs cannelés, disposés horizontalement et laissant entre eux un intervalle pour le passage du fourrage.

C, lame de faux dont l'extrémité supérieure se termine par une poignée D, que l'ouvrier tient de la main droite. — E, bielle qui permet à la lame de suivre un mouvement presque parallèle à son tranchant, en même temps que l'ouvrier l'abaisse pour couper la paille ; ce double mouvement, qui fait agir le tranchant à la fois comme couteau et comme scie, rend possible un effet considérable avec une force minime. — F, coulisse servant à maintenir la bielle dans un plan vertical; celui-ci agit sur un double levier G, tournant autour du point H, comme axe. — I, J, deux tiges qui communiquent aux roues à rochet KK' faisant corps avec les cylindres cannelés, le mouvement qu'elles reçoivent du levier G.

L, anneau où est emmanchée l'extrémité du levier G qui participe au mouvement qu'on imprime au couteau. — Avec cet instrument un ouvrier seul peut hacher à la longueur de 4 à 5 centimètres, cinquante kilogrammes de paille par heure.

La figure 3 présente un hache-paille anglais, dont l'ensemble est en fer, fixé sur un châssis de bois. Les couteaux sont pourvus de vis d'ajustage, l'engrenage est mis à l'abri de la poussière par un couvercle de fer, la paille y est coupée de la longueur de 10 millimètres.

Tarare. (Fig. 4 et 5.)

Machine destinée à purger les grains qu'on veut moudre des corps étrangers ; elle se compose de deux organes principaux : cylindres alimentaires et tambour-batteur. La séparation de la paille et le nettoyage du grain se font à bras par le battage.

Machine à battre. (Fig. 6.)

Cette machine, inventée par Miekle et perfectionnée par Dombasle, se compose de deux cylindres de fonte ou de bois, cannelés et parallèles AA, superposés et tournant en sens inverse l'un de l'autre ; devant ces cylindres se trouve une table B, sur laquelle on étend la gerbe, les épis en avant, de façon à les engager entre les cylindres, lesquels, par leur mouvement de rotation, entraînent successivement la paille dans toute sa longueur, puis vient le tambour-batteur C, tournant avec une grande vitesse et armé de quatre battes D... disposées parallèlement à son axe et qui produisent l'égrenage en frappant sur les épis. La surface concave et cannelée EE, ou contre-batteur, qui forme le chapeau de ce tambour, maintient pendant quelques instants les épis à portée du batteur pour qu'il puisse complétement les égrener. La paille et le grain, entraînés par le mouvement du tambour, sont projetés contre les ailes d'un râteau circulaire FF' qui se meut lentement. Les bords antérieurs des ailes F du râteau sont munis de dents de fer G.., au moyen desquelles la paille est promenée au-dessus d'un grillage H, formé de barreaux de bois arrondis, puis extraite de la machine d'où elle glisse le long d'un plan incliné I, au bas duquel elle est ramassée et mise en bottes.

Le grain et la menue paille passent au travers du grillage H pour tomber dans la trémie K et de là sur le plan incliné L ; pendant la chute, un courant ventilateur P chasse la menue paille en M et les otons en N. Le grain, qui est plus lourd, glisse le long du plan incliné L et vient tomber en O.

Le mouvement n'est communiqué qu'au cylindre inférieur, et c'est le frottement du cylindre supérieur, pesant sur lui de tout son poids, qui détermine sa rotation ; ce poids doit donc être assez considérable, et ce cylindre, long d'un mètre, pèse 95 kilogrammes.

Dans la machine Dombasle, le contre-batteur E forme, pour ainsi dire, couvercle au-dessus du tambour-batteur. Il est supporté par deux tourillons Q; son bord antérieur est soutenu à une hauteur déterminée au-dessus des batteurs à l'aide de deux vis verticales R, qui viennent s'appuyer sur le bâtis S de la machine. Le poids de ce couvercle mobile, de chêne épais, est tel qu'il exerce à sa partie antérieure une pression de 22 kilogrammes ; afin de la réduire à ce qui est nécessaire pour tenir la paille en contact avec les batteurs, on établit un levier de décharge T qui tend à relever le bord antérieur du couvercle. Le contre-poids U, qui se met sur la branche du levier, ne lui laisse exercer qu'une pression de 8 à 9 kilogrammes seulement.

Machine à fabriquer le papier.

La belle et immense machine à fabriquer le papier continu a été inventée en 1789, par Louis Robert, ouvrier à la papeterie d'Essonne, qui obtint un brevet de quinze ans, acquis peu après par M. Didot-Saint-Léger. Cette découverte si utile ne put, comme tant d'autres, trouver moyen d'être mise à exécution en France ; portée en Angleterre elle y fut perfectionnée et revint en France en 1814, où elle reçut de nouvelles et importantes modifications et améliorations.

Il serait difficile de décrire ici les innombrables pièces qui composent cette machine si compliquée, mais les trois planches consacrées à sa figuration seront suffisantes pour faire connaître ses parties principales et celles qui servent le plus spécialement à atteindre l'usage auquel elle est destinée.

Les lettres de renvoi sont communes aux trois figures.

De petites flèches indiquent la marche : 1° de la toile métallique ; 2° des courroies de cuir qui la conduisent ; 3° des feutres qui soutiennent le papier ; 4° de la feuille de papier.

A A', cuve où est déposée la pâte.

B B', deux agitateurs qui brassent la pâte.

C, robinet pour ajouter de l'eau à la pâte dans la cuve.

D, quatre ouvertures par lesquelles sort la pâte.

E, caisse de cuivre, dite épurateur ; elle est divisée en quatre compartiments et se compose de lames assez rapprochées pour ne laisser passer que la pâte et retenir les boutons, nœuds de fils ou ordures ; cette caisse est agitée par un rochet et tamise la pâte qui tombe dans le compartiment B' de la cuve.

F, toile métallique sans fin, qui reçoit la pâte et revient toujours sur elle-même, après avoir déposé le papier humide sur le cylindre G qui est enveloppé d'une étoffe de feutre.

H, rouleaux de cuivre qui supportent la toile métallique.

I, autres rouleaux servant à tendre cette toile.

J, châssis de fer qui supporte les tourillons des rouleaux.

G et K, deux cylindres garnis de feutre et servant à presser le papier humide quand il est encore accompagné de la toile métallique.

L, courroies de cuir qui reviennent toujours sur elles-mêmes, et sont maintenues sur la toile métallique par deux châssis de fer et tendues au moyen de poulies M. Elles servent à maintenir sur la toile métallique la pâte liquide et déterminent la largeur et la bordure de la feuille de papier.

N, mouvement de va-et-vient faisant mouvoir tout le châssis J pour tamiser la pâte, la fixer sur la toile métallique et laisser écouler l'eau qu'elle contient.

O, caisse recevant l'eau égouttée.

P, conduit pour porter l'eau égouttée, qui contient encore un peu de pâte dans la roue à écope Q, qui elle-même la déverse dans la caisse A.

R, caisse étroite dans laquelle trois cloches ou pompes aspirantes S, font le vide et enlèvent une grande partie de l'eau que contient encore la feuille de papier. En sortant des cylindres G K, cette feuille a déjà assez de consistance pour pouvoir quitter la toile métallique, et au moyen d'un feutre sans fin revenant sur lui-même, et qui est tendu par les rouleaux de bois T, elle vient se presser sous les deux cylindres de fonte U.

En sortant de ces deux pressions, un autre feutre (dit feutre montant), soutenu par des rouleaux de bois V, fait passer les feuilles entre deux autres pressions X.

Différents engrenages Y, communiquant le mouvement des pressions U aux pressions X.

En quittant les pressions X la feuille de papier a acquis assez de force pour quitter le feutre et marcher seule. Elle passe alors successivement sur trois cylindres de fonte Z, qui sont remplis de vapeur et la sèchent entièrement. Pour que le papier soit tenu le plus près possible des cylindres Z, un feutre soutenu par des rouleaux de bois a l'accompagne pendant sa course.

bb, deux cylindres qui servent à apprêter et lisser le papier. En sortant du cylindre z' la feuille se roule sur un dévidoir c, et quand ce dévidoir est assez chargé de papier, au moyen d'un mouvement de bascule on lui substitue un autre dévidoir d.

Le papier est ensuite coupé suivant la grandeur que l'on veut donner aux feuilles.

Ce qui précède fait connaître la manœuvre de la pâte depuis son entrée dans la machine jusqu'à sa transformation en papier. Voici maintenant les pièces qui produisent le mouvement.

Le mouvement général est donné par une roue à eau dont l'arbre est représenté en e ; cet arbre communique directement le mouvement aux pressions U.

f, deux engrenages qui communiquent le mouvement par un arbre g à deux autres engrenages h qui font marcher la roue Q, la machine à épurer la pâte E et la toile métallique F. Sur le même arbre g, une poulie i communique son mouvement au moyen d'une courroie à une poulie j, qui fait marcher les pompes aspirantes.

Sur le même arbre e, une poulie communique le mouvement à une autre poulie l, qui fait marcher tout l'appareil de la toile métallique où se forme le papier, et une poulie m communique le mouvement à une autre poulie n, qui fait marcher les deux cylindres sécheurs z, et enfin la poulie o communique le mouvement à la poulie p, qui fait marcher le cylindre sécheur z'.

Une chaîne à la Vaucanson q sert à faire marcher les dévidoirs c et d.

Pl. 2.

MACHINE A FABRIQUER LE PAPIER

Élévation

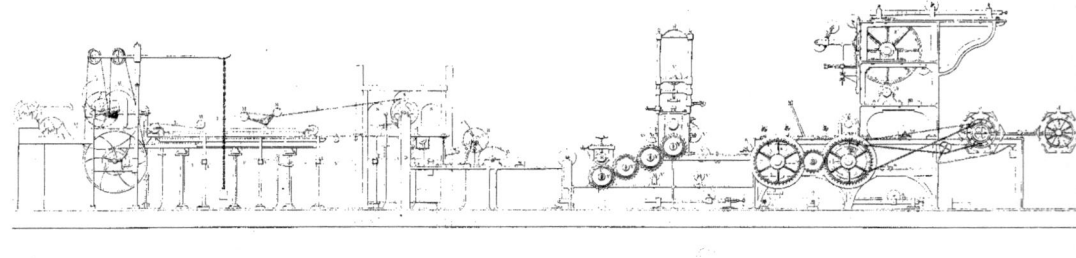

MACHINE À FABRIQUER LE PAPIER

Plan

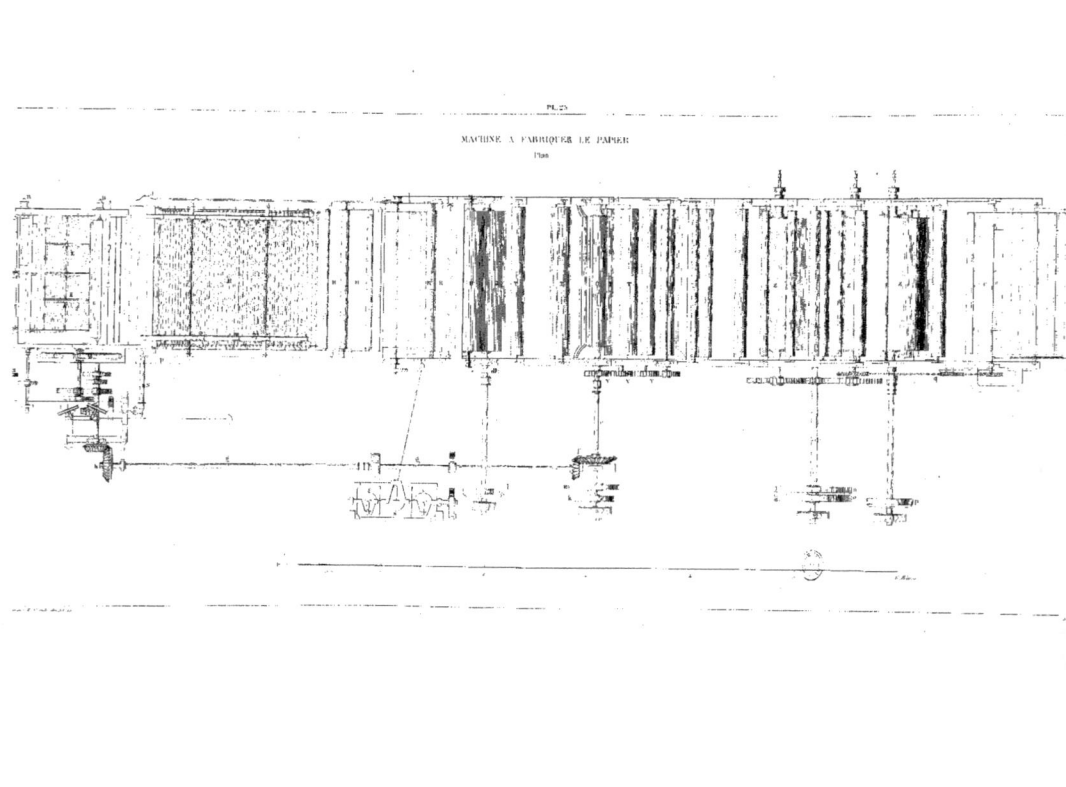

MACHINE A FABRIQUER LE PAPIER

Coupe

Pl. 27

BROYEUR DE CHIFFONS
pour la fabrication du papier

Plan

Élévation

Coupe

Vanne

Vanne

Chapiteau de la Pile

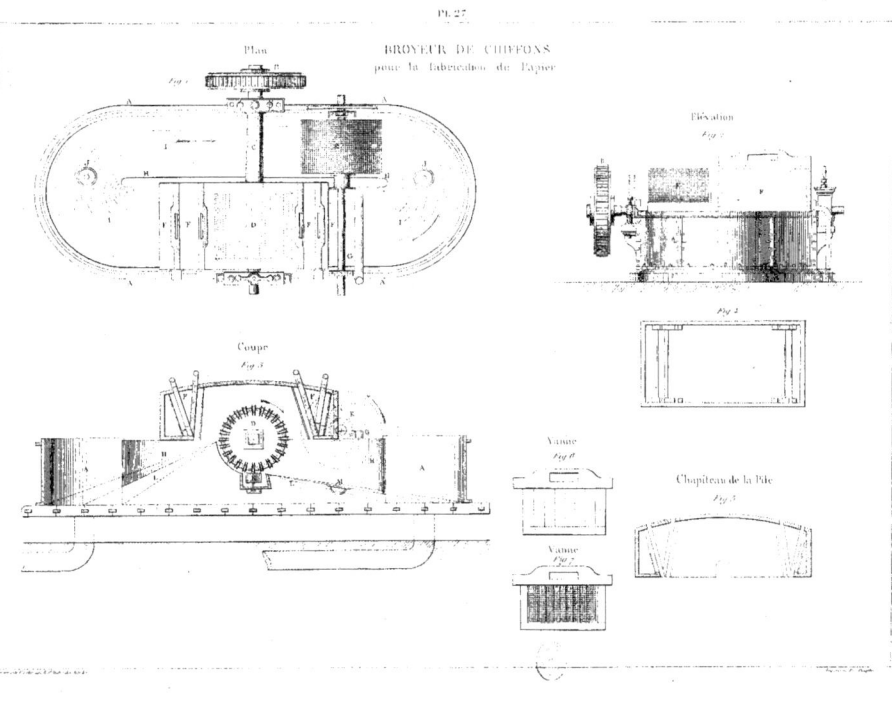

Broyeur de chiffons pour la fabrication du papier.

Une grande cuve ovale, de bois ou de fonte, contient une platine armée de lames contre lesquelles viennent frotter d'autres lames fixées à la circonférence d'un cylindre qui tourne avec une vitesse de 250 à 280 tours par minute. On fait arriver dans la cuve de l'eau, au moyen d'un robinet, et on y place une certaine quantité de chiffons.

Le cylindre, par son mouvement de rotation, leur donne une perpétuelle impulsion et les force à passer entre ses lames et celles de la platine, où ils sont broyés, et en même temps lavés à grande eau, au moyen de châssis garnis de toiles métalliques ou de tambours munis d'écopes, qui rejettent continuellement l'eau sale à l'extérieur.

Quand les chiffons ont été bien défilés, on ouvre une soupape qui se trouve au fond de la cuve, et ils descendent par un conduit dans des caisses à égoutter, ou sous des presses garnies de toiles métalliques, qui laissent sortir l'eau seule. C'est après cette opération qu'ils sont transportés dans l'endroit où ils doivent subir le blanchiment.

Fig. 1. Plan de l'appareil complet d'un cylindre broyeur de chiffons placé dans sa pile, avec tambour, laveur, etc.

AA, paroi de la pile. — B, pignon qui s'engrène dans le mouvement de la roue à eau et fait marcher le cylindre.

C, arbre de fer du cylindre broyeur. — D, cylindre broyeur. — E, tambour laveur. —

F, châssis de bois avec vannes garnies de toiles métalliques pour le passage des eaux sales. — G, caisse recevant l'eau sale et la versant au dehors de la pile.

Fig. 2. Pile en élévation, vue par un des deux bouts.

A, paroi extérieure de la pile en fonte avec son assemblage.

B, pignon. — E, tambour-laveur. — F, châssis qui recouvre le cylindre, empêche la pâte de s'échapper de la pile et sert au lavage des chiffons.

Fig. 3. Coupe longitudinale montrant l'intérieur de la pile.

A, paroi intérieure. — D, cylindre broyeur armé de ses lames d'acier ou de cuivre. — E, tambour-laveur. — G, caisse recevant l'eau sale. — F, châssis avec vanne. — H, cloison centrale. — K, platine ou lames tranchantes d'acier qui, placées sous le cylindre D, déchirent le chiffon et le réduisent en pâte. — L, plan incliné en bois qui, au moyen de la rotation imprimée par le cylindre, sert à faire monter le chiffon entre le cylindre et la platine K. — M, récipient qui reçoit les graviers ou corps lourds qui peuvent se trouver dans le chiffon.

Fig. 4 et 5. Châssis ou chapiteau de la pile.

Fig. 6. Vanne de bois que l'on place quand on ne veut plus laver le chiffon.

Fig. 7. Vanne garnie de toile métallique pour le cas contraire.

Presse mécanique à cylindres horizontaux. (Fig. 1, 2 et 3.)

Après les essais de William Nicholson, Kœnig et Bauer parvinrent, en 1814, à construire cette ingénieuse machine, perfectionnée depuis par MM. Applegoth et Cowper.

La *forme*, ou châssis contenant les caractères, passe horizontalement, par un mouvement de va-et-vient, sous le cylindre d'impression sur lequel la feuille de papier est enroulée et retenue par des cordons. L'encre contenue dans une boîte cylindrique, enduit deux rouleaux de fer, qui la communiquent à une série d'autres rouleaux, dont les deux derniers, d'une substance élastique (1), la déposent sur les caractères. L'effet double de la machine permet d'imprimer une feuille des deux côtés. Cette feuille, conduite par des rubans, après avoir reçu la première impression, passe du premier cylindre sur deux tambours de bois qui la retournent et va s'appliquer sur le contour d'un second cylindre, rencontre une seconde *forme* et va se déposer sur une table où elle est empilée.

Les principales pièces de cette presse, sont : fig. 1, 2 et 3.

A, l'arbre de couche, mû par la vapeur, et qui communique le mouvement à toute la machine ; le pignon dont il est muni s'engrène avec la grande roue dentée B, et transmet ce mouvement à la roue parallèle C. Ces deux roues, au moyen de leurs axes, font tourner les cylindres DE. Sur le cylindre D est fixée une roue dentée F, qui communique le mouvement à deux petits tambours G et H. Sous le bâtis de fonte I, l'engrenage J, placé sur l'arbre de couche A, fait tourner, au moyen d'une roue d'angle, l'arbre vertical K : cet arbre est muni d'un pignon qui engrène toutes les dents d'une crémaillère horizontale L, qui, passant alternativement à droite et à gauche, fait aller et revenir les tables M et M' où les *formes* sont placées, ces tables roulent sur des galets NN'N', et sur deux grands galets OO, destinés à supporter la pression des cylindres DE pendant l'impression.

Le papier étant empilé sur une table P, l'ouvrier pose les feuilles l'une après l'autre sur la table voisine Q et sur deux sangles RR, de manière qu'elle touche de chaque côté contre la section de roue dentée de fer T, servant de repère. Les sangles fixées sur le rouleau S, auquel est adaptée une section de roue dentée U, conduisent le papier sous le rouleau V.

La grande roue X porte aussi sur le côté U une section de roue dentée qui frappe, au moyen du bouton Y, sur l'extrémité du levier Z, qui fait abaisser la section de roue U et basculer le rouleau S.

Les sangles, en s'avançant, conduisent le papier entre les cordons a. Dès que la section de la roue dentée a rempli sa fonction, un contre-poids b, retenu par la poulie c, ramène le rouleau S, dont le mouvement rétrograde est arrêté par la courroie d.

La feuille de papier conduite par les sangles sur le petit rouleau S est entraînée par le mouvement de rotation au second cylindre V où elle s'engage, par les marges, entre deux séries de cordons qui la maintiennent pendant son parcours ; de là cette feuille

(1) Mélange de colle-forte et de mélasse.

est portée par le cylindre D et passe sur la ligne de contact de ce cylindre et de la table M où est rencontrée la *forme* toute encrée sur laquelle elle est pressée, puis retourne par les deux petits cylindres GH, et est déposée sur le cylindre E.

e, sommier de fonte.
f, bâtis supportant une partie du mécanisme.
g, chariot portant les *formes*.
h, rouleaux distribuant l'encre.
i, réservoirs d'encre.
j, rouleaux étendeurs de l'encre.
k, rouleaux distributeurs de l'encre sur les caractères.
l, cordons sans fin.
m, poulie pour tendre les cordons par une vis de pression n.
o, deux excentriques, fixés sur la roue B, embrassés par les anneaux des bielles pp, qui font mouvoir des équerres qq mobiles sur les patins rr ; à ces équerres sont attachées de longues tringles inclinées SS, qui font basculer le châssis qui porte les rouleaux encreurs JJ.
tt, cordes qui embrassent la poulie à gorge u, montée sur l'axe des rouleaux encreurs.
xx, poulies pour tendre les cordes tt.
yy, coussinets qui reçoivent les tourillons des rouleaux encreurs.

Presse mécanique.

ARRANGEMENT DES CORDONS. (Fig. 4.)

Cette figure indique la marche des cordons qui jouent un rôle si important dans la presse mécanique, et qu'il est difficile de bien comprendre au milieu des pièces nombreuses qui entrent dans la composition de la machine représentée sur les figures précédentes.

Le cordon intérieur (n° 1, 1, 1) tourne autour du cylindre d'introduction S, et reste en contact avec la surface extérieure du cylindre à impression D ; passe ensuite intérieurement au-dessus du tambour G, et extérieurement au-dessous du tambour H. Il entoure la surface intérieure du dernier cylindre à impression E, puis revient sur les petites poulies de tension aa, et se retrouve à son point de départ.

Le cordon extérieur (n° 2, 2) passe sur la poulie b, qui le met en contact avec le rouleau d'introduction s, pour conduire la feuille C. Là les deux cordons coïncident, puis s'avancant ensemble sous le cylindre à impression D, sur le tambour G et sous le tambour H, ils continuent leur course simultanée autour du cylindre E, jusqu'à ce qu'ils arrivent au cylindre, où ils se séparent au point e, et la feuille de papier se trouvant abandonnée par eux va tomber dans la boîte f, où un ouvrier la reçoit. Et le cordon extérieur, continuant sa marche du rouleau d à celui g, et glissant sur les rouleaux et les poulies hij, revient au rouleau b, d'où on l'a vu partir, et recommence à conduire une nouvelle feuille à imprimer.

PRESSE MÉCANIQUE
à Cylindres horizontaux

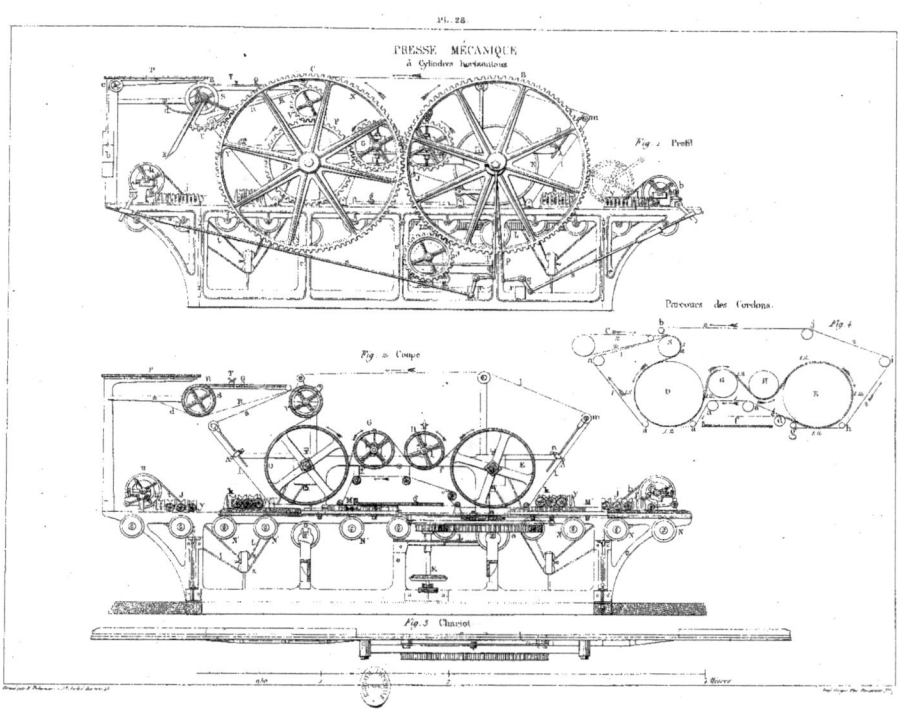

Fig. 1 Profil

Parcours des Cordons.

Fig. 4

Fig. 2 Coupe

Fig. 3 Chariot

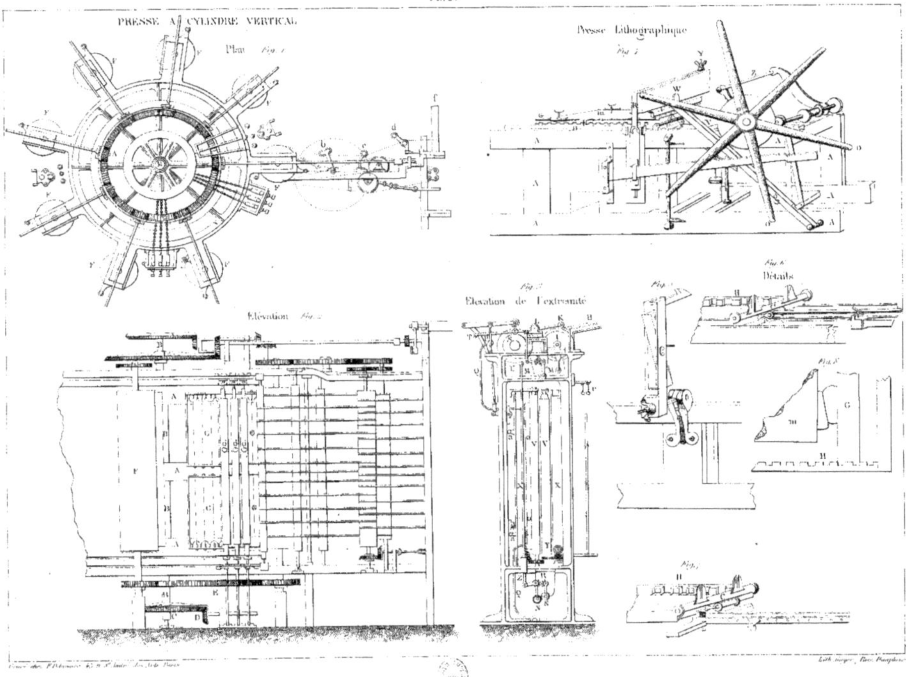

PRESSE A CYLINDRE VERTICAL.

Plan. *Fig. 1*

Presse Lithographique

Fig. 2

Élévation *Fig. 3*

Élévation de l'extrémité

Fig. 4

Détails

Presse à cylindre vertical.

Cette ingénieuse machine, inventée par M. Applegath, peut imprimer en même temps quatre grandes pages de chacune cinq colonnes, placées dans quatre boîtes que l'on applique au cylindre central, qui est vertical, et dont le contour est recouvert en partie par ces pages. Elles sont fixées au moyen de boulons à ce cylindre, dont le diamètre est de 1^m,70. La force de gravité, neutralisant la force centrifuge, maintient en place les caractères pendant la durée de la révolution du cylindre. Les caractères de chaque colonne de la page forment donc un polygone qui ne diffère que très peu d'une parfaite circonférence, et cette légère différence est compensée comme il est dit ci-après. Autour du cylindre central sont placés huit cylindres verticaux, mettant chacun une feuille de papier en contact avec le cylindre central, qui les imprime toutes successivement en faisant sa révolution. Par cette disposition, il n'y a aucune interruption dans la continuité du mouvement, l'impression des caractères est perpétuelle, et l'on obtient ainsi avec une même quantité de caractères un résultat plus considérable que par une machine à mouvement horizontal ; elle peut donner douze mille exemplaires par heure.

AA... (fig. 1 et 2) cylindre vertical formant le centre du système, il est monté sur un arbre BB, et est mis en mouvement par la roue et le pignon CD. — FF... huit cylindres d'impression mus par la roue E. — GG... boîtes où sont fixés les caractères. — H (fig. 3), planche où sont empilées les feuilles de papier ; elles sont poussées l'une après l'autre sur le rouleau preneur I. — K, petit rouleau cannelé s'élevant et s'abaissant au moyen d'un levier L. — La feuille descend ensuite verticalement au moyen de cordons, s'enroulant autour des rouleaux MM... NN..., la marche est arrêtée par quatre barres de bois OO... recouvertes de feutre, dont le mouvement est effectué par la came P, qui agit sur les bras QQ attachés au bâtis. — Les rouleaux MM et NN s'écartent au moyen de portées placées à l'extrémité de leviers agissant l'un sur l'autre par des segments dentés R, mis en mouvement par la came S qui fait agir le levier T, et par la section d'engrenage communique le mouvement aux extrémités des rouleaux MM, et par la verge U qui agit sur les inférieures des rouleaux NN ; au bas de cette verge U est un poids destiné à maintenir le rouleau de friction sur la came S.

La feuille de papier étant maintenue par les arrêteurs, lorsque ceux-ci s'écartent, reste en suspens, saisie en haut par deux petites pinces suspensives rapprochées l'une contre l'autre par une came, et maintenue verticalement. Ces rouleaux la supportent en la pressant légèrement jusqu'à ce que les arrêteurs s'ouvrent et que trois paires de

rouleaux verticaux, dont VV indique la première paire, soient mis en contact avec cette feuille pour lui communiquer un mouvement latéral.

Les rouleaux VV sont attenants à un châssis suspendu XX et mis en mouvement par les pignons inférieurs de l'arbre YY, qui communique le mouvement à ce bâtis X. — Le mouvement est transmis au châssis suspendu XX par une came semblable à la came P, agissant sur le levier et la poulie de friction z. Ce mouvement est transmis ensuite au châssis par les leviers aa ; aussitôt que les rouleaux sont en contact avec la feuille de papier, cette feuille est entraînée par leur mouvement rotatif, et engagée entre deux séries de rubans horizontaux qui la conduisent sur le cylindre F où elle s'imprime et suit la ligne pointée (fig. 1). Arrivée aux rouleaux b et c, la feuille dans sa course est maintenue à son sommet par une paire de rubans engagés dans les poulies d ; et quand ils sont parvenus à la poulie e (fig. 3), ils sont fortement pressés ensemble par un ressort qui les arrête, et la feuille restée en suspens est prise par l'ouvrier qui la place dans la boîte f dont on voit le commencement. — Pour compenser la différence qui existe entre la surface en ligne droite des colonnes de caractères et la circonférence du cercle, on colle des bandes de papier sur chaque cylindre d'impression aux endroits correspondants à chacune des colonnes. — L'encre est fournie à chaque forme de caractères par trois rouleaux encreurs ggg, placés entre chaque cylindre imprimeur.

Presse lithographique. (Fig. 4.)

Cette presse se compose :

AAA, bâtis de bois.

B, chariot destiné à recevoir la pierre m à imprimer et à la faire passer sous le râteau U.

C, rouleau supportant le chariot.

H, crémaillères dans lesquelles se placent, selon le besoin, les traverses G et V destinées à régler la longueur de la marche du chariot.

R, support dans lequel est engagé le porte-râteau W.

Y, vis qui règle la hauteur du râteau, et, par conséquent, le degré de pression qu'il doit exercer sur la pierre ; c'est du plus ou moins de justesse de cette pression que dépend en grande partie la beauté des épreuves.

Z, chevalet destiné à supporter le châssis quand on le relève.

g, pédale.

o, moulinet qui fait mouvoir le chariot.

Les fig. 5, 6, 7 et 8 montrent les détails les plus importants de cette presse.

Planche 30.

Machine à vapeur à double effet et à basse pression.

Dans cette machine, de la force de vingt chevaux, la force élastique ne surpasse celle de l'air que d'un à deux dixièmes, et la vapeur agit successivement en dessus et en dessous du piston.

La planche représente l'élévation de la machine vue de face.

A, grand cylindre.

B, piston métallique. — B', tige du piston.

C, couvercle supérieur garni d'une boîte à étoupes et d'un auget D, contenant de l'huile introduite par le robinet D'.

E, tuyau d'admission de la vapeur dans le cylindre A, communiquant avec la chaudière.

F, clapet pour interrompre à volonté le passage de la vapeur.

G, récipient pour recevoir la vapeur avant son entrée dans le cylindre.

H, tiroir servant à ouvrir et à fermer alternativement les passages H'B', pour l'arrivage en dessus ou en dessous du piston.

I, condensateur.

J, pompe foulante.

K, piston de la pompe à air.

L, cuvette de décharge.

M, clapet pour produire ou interrompre la communication entre le condensateur et la pompe à air.

N, clapet entre la pompe et la cuvette de décharge L.

O, pompe aspirante pour le refoulement de l'eau de la cuvette de décharge L dans le réservoir qui alimente la chaudière.

P, pompe d'eau froide, amenant l'eau dans le réservoir Q, où se trouve la pompe à air du condensateur.

R, régulateur servant à régler l'introduction de la vapeur dans le cylindre, en agissant sur la soupape d'admission.

S, poulie transmettant, au moyen de la corde TT et de deux roues d'angle U, la rotation de l'axe V au régulateur.

X, balancier transmettant à la bielle Y le mouvement alternatif du piston B.

Z, axe centre des oscillations.

W, manivelle.

a, volant.

b, excentrique calé sur l'arbre de couche.

d, bielle mise en mouvement par l'excentrique b, et servant à mouvoir le tiroir H, au moyen de la fourchette e.

f, axe horizontal de la fourchette e.

MACHINE A VAPEUR
à double effet et à basse pression.

Dessiné par E. Delamarre D. D'Amitié d. à Août N° 15.

Imp. Wance & Chagrin.

Pl. 51

CHEMINS DE FER

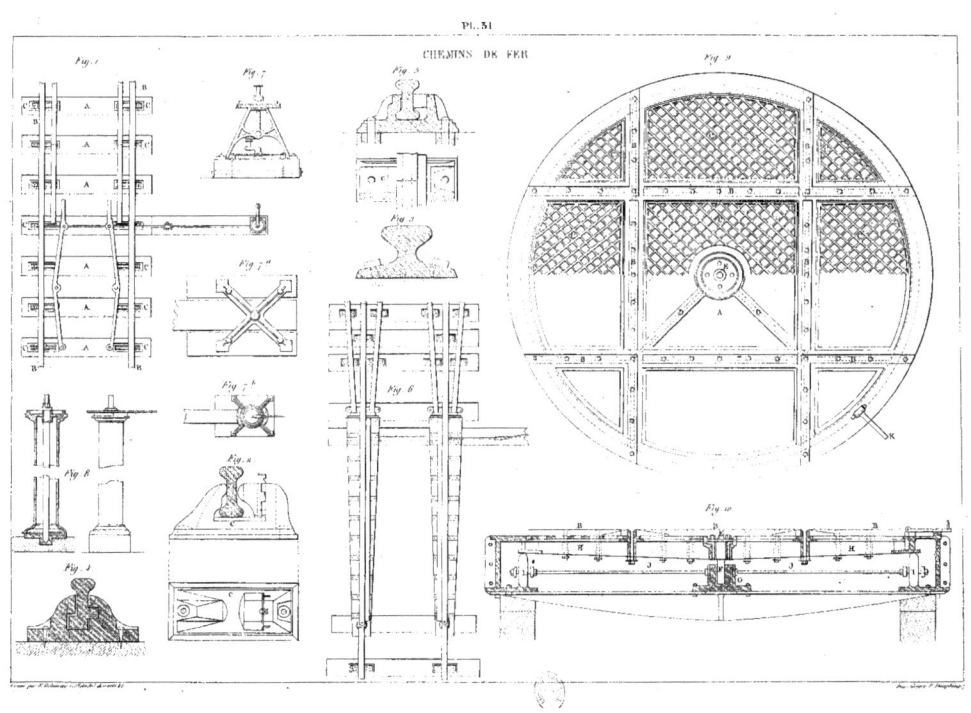

Chemins de fer.

Les pièces employées pour la voie des chemins de fer, sont :

Les *traverses* AA (fig. 1), posées sur le *ballast* ou *ensablage*, pièces de bois sur lesquelles reposent les *rails* par l'intermédiaire des coussinets. Ces traverses, de bois de chêne dans le principe, sont remplacées en partie maintenant, dans beaucoup de cas, par du bois de sapin, auquel on fait subir une préparation pour les conserver. Les traverses dépassent de chaque côté la largeur de la voie de 0ᵐ,20 à 0ᵐ,25.

Les *rails* BB, qui d'abord étaient de fonte, sont de fer de seconde qualité, étirés au laminoir, jusqu'à la longueur de 4ᵐ,50 et même 6 mètres, et pesant de 35 à 39 kilogr. par mètre courant. On a essayé diverses formes pour les rails, comme l'indiquent les fig. 2, 3, 4 et 5 ; la plus généralement employée est celle dite à *champignon* (fig. 2).

Les *coussinets* CC sont composés d'une semelle qui pose sur la traverse et de deux saillies formant mâchoires, entre lesquelles le rail est maintenu. Ces pièces sont de fonte ; leurs dimensions varient avec le poids des rails : pour un rail pesant 30 kilogr. par mètre courant, le poids moyen du coussinet est 8ᵏⁱˡ,50, et celui du coussinet de joint, 11 kilogr. Chacune des saillies est soutenue par des contre-forts ou nervures, entre lesquels est percé le trou destiné à recevoir la cheville.

Les *chevilles* sont de fer ou de bois ; les dernières sont préférables.

Coins de fer ou plus généralement de bois, servant à presser le rail contre le coussinet ; ils sont placés en dehors de la voie.

Les figures 2, 3, 4 et 5 indiquent les diverses formes de coussinets et leur assemblage avec les rails.

Les figures 1 et 6 offrent des exemples de combinaisons de rails pour les changements de voies.

Celles 7, 7ᵃ, 7ᵇ et 8, cabestans pour faire mouvoir les aiguilles.

Plaques tournantes (fig. 9 et 10) pour faire passer d'une voie sur une autre les locomotives, wagons et autres voitures. Ces plaques ou plates-formes sont à une seule voie, ou à deux voies en croix ; ses pièces principales sont :

A, plate-forme supportant les rails.

BB, bouts de rails assujettis sur la plate-forme.

CC, plaques de fonte recouvrant les châssis et autres parties de l'appareil.

D, croisillon central de fonte et d'une seule pièce.

E, couronnement de fonte.

F, pivot de rotation.

G, crapaudine.

H, poutres recevant les rails et les plaques de recouvrement.

I, galets placés au pourtour de la plate-forme pour aider à son mouvement de rotation.

J, arbres des galets de roulement.

K, verrou d'arrêt.

Théorie de la locomotive.

La chaleur développée dans un espace rectangulaire ou boîte à feu B, entièrement entouré d'eau, excepté à l'endroit où se trouve la porte b, par laquelle on introduit le combustible sur la grille m, est activée par une ouverture disposée de manière que le mouvement même de la machine favorise le courant. La fumée, à sa sortie du foyer, se divise dans une centaine de tubes (aa) de 0^m,05 de diamètre, qui vont aboutir à l'extrémité de la chaudière ; après avoir ainsi traversé l'eau et lui avoir cédé une partie de sa chaleur, cette même fumée se rend dans la cheminée (H) par où elle s'écoule dans l'atmosphère.

La vapeur, qui se forme autour du foyer ainsi qu'autour des tubes, monte à la partie supérieure de la chaudière dans le dôme C, qui renferme un tuyau c passant dans la chaudière au-dessus du niveau de l'eau, et conduit la vapeur sans refroidissement à la machine proprement dite, placée à l'arrière de la locomotive.

La machine se compose de deux cylindres I, dans chacun d'eux se meut un piston qui donne le mouvement à une bielle L attachée directement à l'extrémité de sa tige n. L'essieu des roues de milieu p, deux fois coudé, présente à l'action des bielles deux manivelles formant entre elles un angle droit ; de telle sorte que, lorsqu'un des pistons est à l'extrémité de sa course, l'autre est au milieu, ce qui rend leurs efforts continus. Les roues N font corps avec l'essieu et sont entraînées dans son mouvement de rotation. Leur adhérence sur les rails x détermine l'avancement de la machine. Deux excentriques, au moyen de leurs tiges et des leviers coudés, communiquent le mouvement aux tiroirs qui distribuent la vapeur dans les cylindres. Quand elle a agi sur les pistons, on la fait échapper par le tuyau O dans la cheminée.

Le chauffeur est placé sur une sorte de balcon y, entre le tender et la machine.

La manivelle F lui sert à déterminer, au moyen d'un robinet qu'elle fait mouvoir, la quantité de vapeur qui doit entrer dans le tuyau c pour aller aux cylindres. En tirant la tige k, il interrompt l'action des excentriques sur les leviers b, ce qui lui permet de manœuvrer lui-même les tiroirs, en agissant sur le levier qui communique avec eux par la tige, et par conséquent d'arrêter, de faire avancer ou de faire reculer la machine à volonté.

Le niveau de l'eau dans la chaudière est indiqué par un tube de verre.

La pression au maximum est de quatre atmosphères et demi. Lorsqu'elle s'élève davantage, une soupape, pressée par des ressorts au lieu de poids, se soulève et laisse échapper la vapeur qui va se perdre dans l'air par le tube. Cette soupape est la seule soupape de sûreté dont soit munie la chaudière. Il y en a bien une autre sur le devant ; mais comme on laisse au chauffeur le soin de déterminer la tension du ressort qui la presse, elle n'est réellement qu'une soupape ordinaire servant à l'évacuation de la vapeur quand la machine s'arrête ; car il n'y a pas de robinet à cet usage. Ce système de chaudière ne présente, du reste, aucune crainte d'explosion dangereuse. Dans le cas où la pression deviendrait trop forte, une des parois planes se détacherait ou plutôt se déformerait sans violence.

Pl. 32 .

LOCOMOTIVE

Élévation

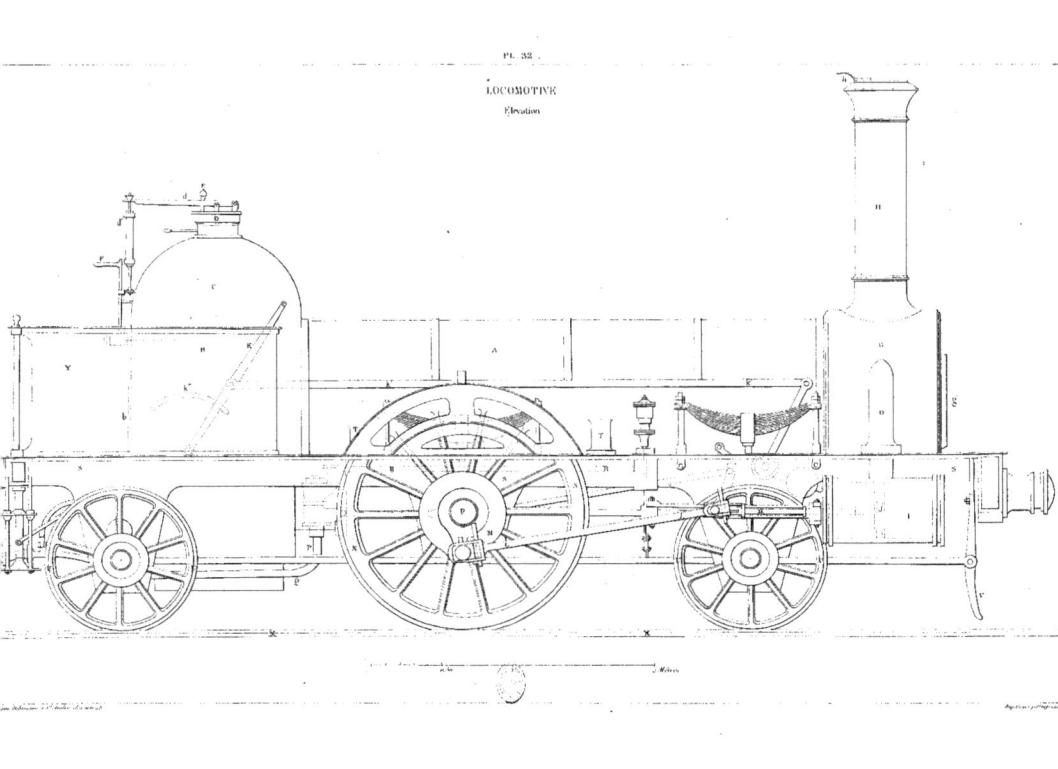

Planche 32.

Les premières machines à vapeur modernes appliquées au transport sur les chemins de fer datent de 1829; depuis cette époque, de nombreux perfectionnements ont été apportés à leur construction, et chaque jour voit encore de nouvelles modifications de détail dans l'arrangement des pièces secondaires. Il n'entre pas dans le cadre de cet ouvrage de suivre et de décrire tous ces perfectionnements, mais bien de faire connaître la théorie des machines et les parties essentielles dont elles se composent.

Le but d'une locomotive est de *transformer le mouvement rectiligne alternatif d'un piston en mouvement circulaire continu de roues motrices.*

On remarque comme parties constitutives : 1° les roues motrices et les essieux coudés ou droits ; 2° la transmission du mouvement des pistons à vapeur aux roues ; 3° les cylindres à vapeur ; 4° la distribution ; 5° la chaudière à vapeur ; 6° les appareils de sûreté et d'alimentation. Ces parties indispensables sont indiquées dans diverses dispositions sur cette planche et les suivantes.

ÉLÉVATION.

A, chaudière composée de feuilles de forte tôle rivée et recouverte le plus ordinairement d'une enveloppe de bois formée de douves étroites. L'intérieur de cette chaudière est traversé dans toute sa longueur par un grand nombre de tubes (voyez la coupe, pl. 33) s'ouvrant par un bout dans le foyer, et de l'autre bout dans la boîte à fumée. Le calorique parcourant ces tubes, traverse l'eau de la chaudière, qu'il échauffe, et s'échappe par la cheminée.

B, foyer, ou boîte à feu faite de cuivre, avec grille de fonte supportée par un châssis ou cadre de fer. Les barreaux de la grille sont mobiles et peuvent, en cas de besoin, être déplacés pour éteindre subitement le feu en le faisant tomber sur la voie.

b, porte du foyer, composée de deux plaques de tôle distantes l'une de l'autre de 5 à 6 centimètres et reliées par des boulons.

C, dôme de prise de la vapeur ou réservoir à vapeur.

D, soupape de sûreté. — d, levier pressé contre la soupape par le ressort boudin d'.

E, sifflet d'avertissement fait en alliage de timbre.

F, manette du régulateur.

G, boîte à fumée en tôle de fer.

g, porte de la boîte à fumée, assemblée à charnières et verrous.

H, cheminée. Son orifice est souvent muni d'un grillage de fil de fer pour retenir une partie de la cendre dans l'intérieur de la boîte à fumée.

h, pavillon servant à fermer la cheminée quand elle ne fonctionne pas.

I, un des cylindres dans lequel se meuvent les pistons. Ces cylindres sont de fonte, bien alésés et fermés d'un couvercle boulonné dans lequel passe la tige du piston.

i, tige du piston qui s'articule à la manivelle de l'essieu de la roue motrice et lui communique le mouvement.

J, piston.

K, levier à main pour opérer un changement de marche au moyen de la tringle K', communiquant aux tiroirs. — K″, secteur.

L, bielle motrice s'articulant à la tige du piston. Elle est de fer avec coussinets de cuivre.

M, excentrique ou manivelle communiquant à la roue motrice, le mouvement imprimé par le piston.

N, roue motrice.

O, tuyau d'échappement de la vapeur.

P, pompe alimentaire.

Q, tuyau d'aspiration de l'eau contenue dans le tender (voyez pl. 35).

R, tuyau de refoulement.

S, châssis supportant la chaudière et tout le mécanisme moteur.

T, supports de la chaudière.

U, petites roues.

V, chasse-pierre.

X, rails.

PLANCHE 33.

Locomotive à cylindres extérieurs. (COUPE.)

Cette coupe représente la locomotive, type Stephenson, le plus généralement adoptée, avec cependant diverses modifications de détails, pour la traction des convois de grande vitesse ou de voyageurs. Les cylindres y sont en dehors des roues, le mécanisme de la distribution y est pourvu de la coulisse qui est l'organe le plus simple ; ses roues de derrière sont situées en avant de la boîte à feu, d'où il résulte que ses trois essieux se trouvent sous le corps cylindrique de la chaudière. Cette disposition, qui consiste à placer la plate-forme du machiniste et la boîte à feu en porte-à-faux, présente un assez grand avantage, car elle permet d'allonger la chaudière et par conséquent d'augmenter notablement la surface de chauffe sans écarter trop les deux essieux extrêmes, ce que ne permettraient pas les courbes beaucoup trop prononcées de la plupart des chemins de fer.

Dans cette locomotive, ce n'est pas une tige horizontale sur laquelle est fixé le levier qui va d'un bout à l'autre de la chaudière, mais un tuyau de communication avec les boîtes à vapeur des cylindres. Le tiroir AB, qui se meut verticalement, est poussé et tiré alternativement au moyen du levier *f*, d'une tige horizontale très courte, d'un deuxième levier placé à angle droit avec le premier, et par un tirant vertical. Les pistons P sont mis en mouvement par deux excentriques de distribution.

Le détail des parties peu saisissables sur cette figure est représenté sur la planche 35.

A, chaudière traversée par les tubes de chaleur en cuivre.

aa, tubes de chaleur.

B, foyer ou boîte à feu.

b, porte du foyer.

C, dôme de prise de la vapeur.

c, tuyau du régulateur d'admission

c', tuyau portant la vapeur dans les cylindres.

c'', bifurcation pour alimenter simultanément les deux cylindres.

D, soupape de sûreté. — *d*, levier. — *d'* ressort à boudin

E, sifflet d'avertissement.

F, manette du régulateur.

f, levier du régulateur.

G, boîte à fumée.

g, porte de la boîte à fumée.

H, cheminée.

I, boîte de distribution de la vapeur.

N, roue motrice.

U, petites roues.

O, tuyau d'échappement de la vapeur.

o', soupape d'échappement de la vapeur.

L, bielles.

X, excentrique circulaire pour la marche en avant.

Y, excentrique pour la marche en arrière.

Z, pièce dite *coulisses de Stephenson*, recevant sur les tourillons les fourchettes des deux bielles.

P, pompe alimentaire mise en mouvement par l'excentrique Y.

Æ, piston de la pompe alimentaire et sa tringle.

AB, tiroir vertical.

Pl. 55

LOCOMOTIVE

Coupe.

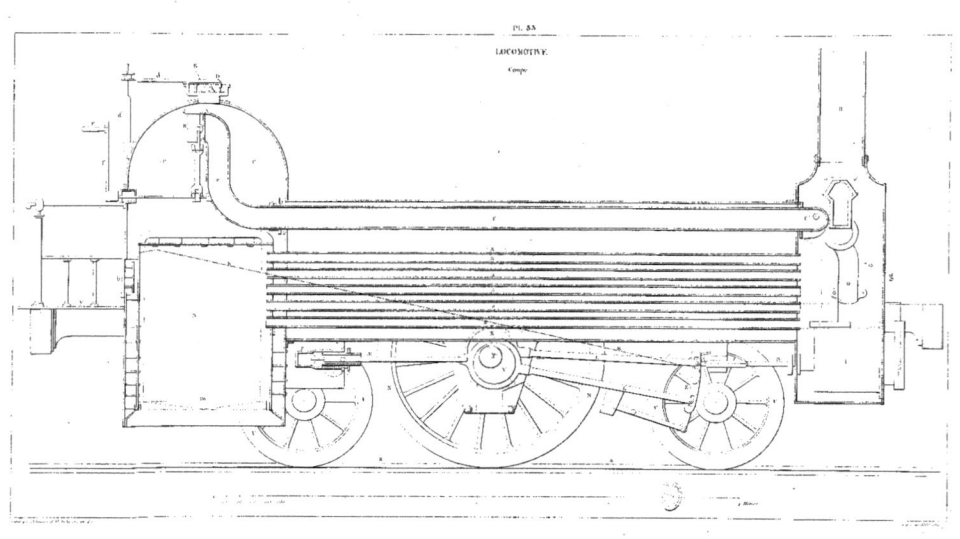

Pl. 84.

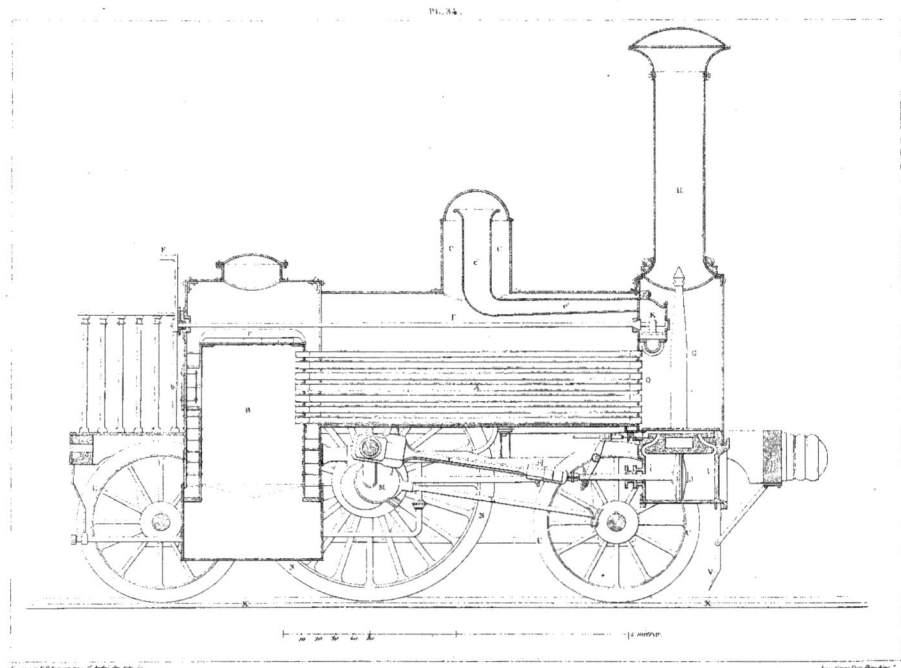

Dessiné par P. Bourquin rue J. Hardy des Arts 64.   Imp. Ingre Paris Montblanc 7.

Locomotive. (COUPE.)

La disposition de cette machine offre des différences notables avec celle de la précédente.

Le foyer est placé en avant des roues de derrière, ce qui diminue la capacité de la chaudière.

Les cylindres sont placés entre les roues, dans la boîte à fumée, qui est pour eux une enveloppe empêchant leur refroidissement et par suite la condensation de la vapeur, ce qui est avantageux, mais nécessite l'emploi pour l'essieu moteur d'un arbre coudé, difficile à exécuter, coûteux et peu solide ; on y a donc renoncé.

Le dôme de prise de vapeur se trouve au milieu du corps cylindrique de la chaudière.

Une tuyère à ouverture variable, qui est placée à l'extrémité du tuyau bifurqué, sert à conduire dans la cheminée la vapeur qui sort des deux cylindres après qu'elle a produit son action sur les pistons. Cette pièce donne au machiniste le moyen de diminuer la contre-pression que la vapeur, qui s'échappe des cylindres, exerce sur les pistons.

A, chaudière et tubes de chaleur.

B, foyer ou boîte à feu.

b, porte du foyer.

C, dôme de prise de la vapeur.

c', tuyau portant la vapeur dans les cylindres.

F, manète du régulateur.

f, tige qui traverse la chaudière dans toute sa longueur.

G, boîte à fumée.

H, cheminée.

I, cylindre.

i, tige du piston.

J, piston.

K, tiroir qui est situé dans la boîte à fumée, à la bifurcation du tuyau O, et que la tige f fait mouvoir transversalement.

L, biniles.

M, excentrique.

N, roue motrice.

U, petites roues.

V, chasse-pierre.

X, rails.

Locomotives. (DÉTAILS.)

Fig. 1. Détail de l'un des cylindres de la locomotive (pl. 33) : A, roue de devant en dehors de laquelle il est placé. — B, section horizontale du tiroir. — C, tige du tiroir.— D, une des glissières qui conduisent la tête de la tige du piston dans son mouvement de va-et-vient rectiligne.

Fig. 2. A, robinet que le mécanicien ouvre ou ferme au moyen du levier B, et qui, lorsqu'il est ouvert, laisse arriver dans le tuyau C, en communication avec la boîte à vapeur des cylindres, la vapeur qui emplit le tuyau D, qui s'élève verticalement jusqu'à la partie supérieure du dôme.

Fig. 3. Autre système : A, soupape qui s'éloigne ou se rapproche de son siége, de manière à permettre ou à empêcher le passage de la vapeur du tuyau B dans le tuyau C, lorsque le mécanicien pousse ou tire sur le levier D.

Fig. 4. Disposition analogue; la rainure de la soupape y est remplacée par un pas de vis pratiqué sur la tige A, qui joint le levier B à la soupape C.

Fig. 5 et 6. Détails des tiroirs.

Fig. 7. Soupape de sûreté à charge directe.

Fig. 8. Soupape de sûreté à charge directe et à ressort.

Fig. 9. Soupape de sûreté à levier et appareil à ressort.

Fig. 10. Manomètre pour mesurer la pression intérieure.— bc, cylindre d'air renfermé dans son tube bouché en C, recourbé inférieurement et rempli de mercure dans les deux branches à la même hauteur ab.

Fig. 11. Détail d'un piston.

Fig. 12. Détail du sifflet. Le principe en est le même que celui des sifflets ordinaires ; seulement, pour rendre le son plus fort, au lieu de faire sortir la vapeur sur une petite longueur, on la répartit sur toute une circonférence, au moyen d'un disque et d'une capsule dont le diamètre est très rapproché de celui de la circonférence extérieure du disque. La partie en biseau sur laquelle le gaz, en s'échappant, vient se diviser et produire le bruit, se trouve alors être une espèce de timbre dont l'effet est d'augmenter encore la clarté du son.

Fig. 13. Coupe du foyer et de la chaudière : A, foyer ou boîte à feu. — B, chaudière et tuyaux de chaleur. — C, grille du foyer.

Fig. 14. Plan de la grille du foyer.

Fig. 15. Machine-locomotive du système Crampton. L'essieu moteur A au lieu de se trouver sous le corps de la chaudière, est placé derrière le foyer B, sous la plate-forme qui porte le mécanicien, disposition qui permet tout à la fois d'abaisser le centre de gravité de la machine et d'augmenter le diamètre des roues motrices. Les cylindres C, sont situés vers le milieu de la longueur du corps de la chaudière et en dehors des roues. Ce système, qui offre cependant de grands avantages, n'a pas jusqu'à présent été adopté.

Fig. 16 et 17. Plan et coupe d'un tender ou chariot d'approvisionnement.

A, boîte à charbon.

B, réservoir à eau construit en feuilles de tôle.

C, coffre contenant les outils de réparation et les ustensiles pour la locomotive.

D, boulon d'attache des wagons du convoi.

E, boulon d'attache du tender à la locomotive.

H, levier du frein.

I, tige à vis pour faire mouvoir le levier H au moyen de la manivelle K.

J, axe du secteur.

L, sabot des freins.

M, bielles des freins.

N, traverse longitudinale.

O, ressort pour amortir les chocs.

P, tuyau de communication du réservoir à eau avec la chaudière de la locomotive.

Q, robinet de communication.

R, filtre.

S, manchon de raccordement.

T, ouverture pour l'introduction de l'eau dans le réservoir.

Pl. 55

LOCOMOTIVES – Détails.

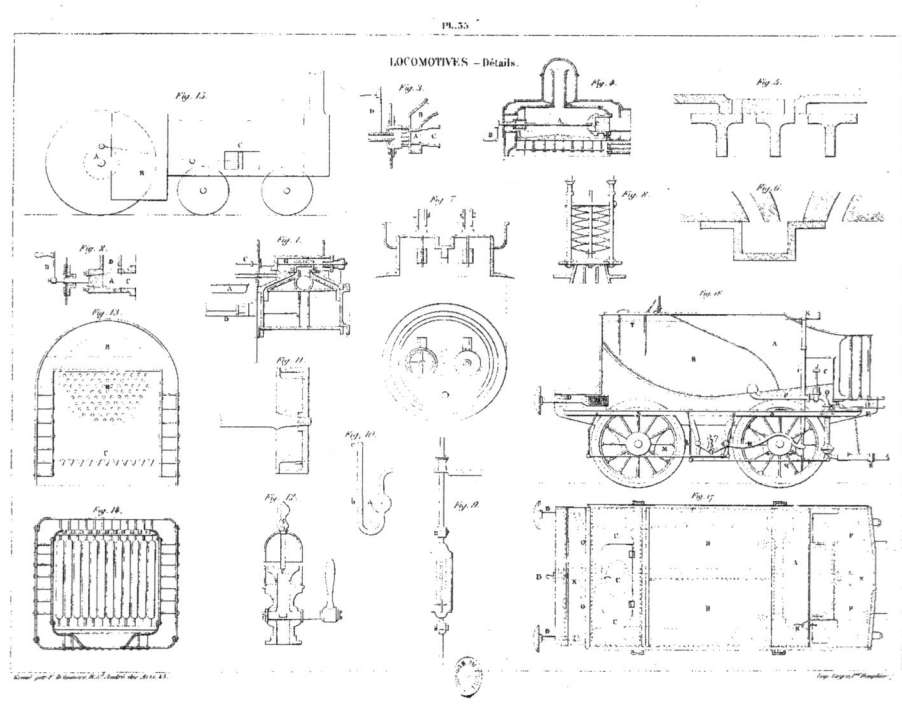

Fig. 15.
Fig. 3.
Fig. 4.
Fig. 5.
Fig. 7.
Fig. 8.
Fig. 6.
Fig. 2.
Fig. 1.
Fig. 10.
Fig. 13.
Fig. 11.
Fig. 9.
Fig. 14.
Fig. 12.
Fig. 17.

FREIN AUTOMOTEUR DE Mᵈ GUÉRIN

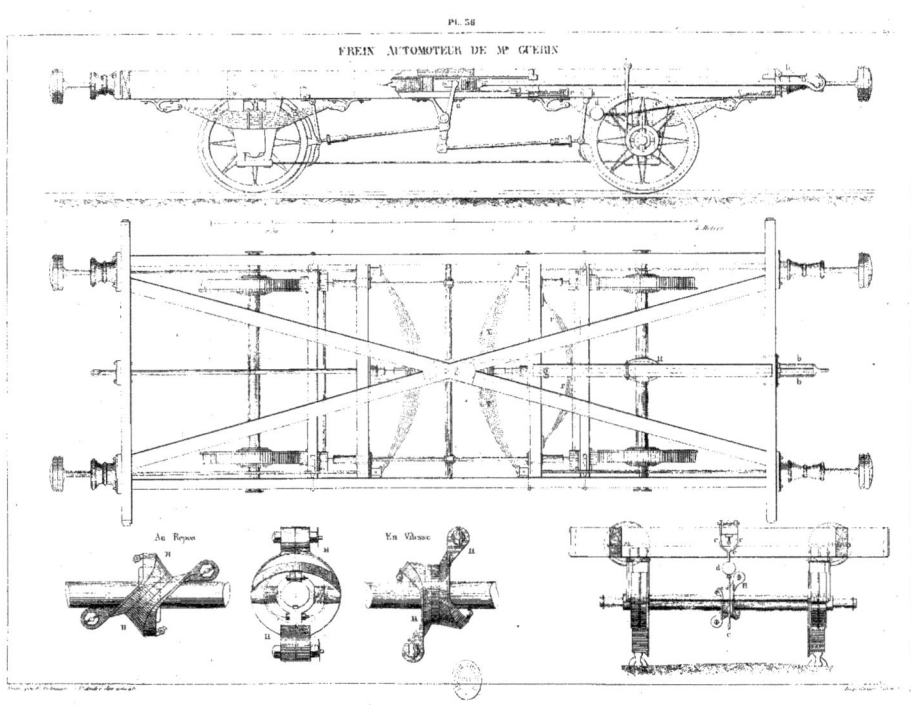

Au Repos   En Vitesse

Frein automoteur de M. Guérin.

Dans les freins généralement employés sur les chemins de fer, le serrage des sabots contre les roues est produit au moyen d'une manivelle manœuvrée par le conducteur ou le garde-frein.

D'après son système, M. Guérin utilise pour serrer les freins des wagons la pression qui a lieu sur les tampons de choc, lorsque le mécanicien, pour arrêter son train, ferme le générateur de la machine, et fait serrer le frein du tender. Il obtient ce résultat en plaçant sur l'arbre du frein un levier, figuré par *a*, dont l'extrémité se présente derrière le ressort de choc **T**. Ce levier servant de point d'appui au ressort fonctionne dès que la rentrée des tampons a lieu.

Pour refouler un train on conçoit que les freins ne doivent pas agir ; cette condition très essentielle a été vaincue d'une manière automatique en employant, comme on va le voir, le mouvement même du train.

1° Une pièce fourchue *b*, servant de butoir, fixée à la traverse d'arrière du châssis et articulée de manière à se baisser pour servir de butoir à l'épaulement de la tige du crochet de traction, ou à se soulever pour la laisser libre.

2° Un levier vertical *c*, muni d'un contre-poids *d*, communiquant au moyen d'une tige *e*, son mouvement à la pièce fourchue *b*.

3° Un manchon **H**, de forme particulière, monté sur l'un des essieux, et pivotant à une certaine vitesse par l'action de la force centrifuge.

Ce manchon présente en son milieu une gorge d'une profondeur convenable.

Lorsque le train est en marche, le manchon **H** change de position et présente au levier *c* sa partie creuse ; le contre-poids *d* agit alors pour soulever la pièce fourchue *b*, la dégage de l'embase du crochet de traction et permet le recul du ressort de choc. Le frein peut alors se serrer sous l'influence de la rentrée des tampons.

Au contraire, lorsque le train est au repos, le manchon **H** est ramené sur l'essieu par deux ressorts, et dans cette position présente au levier *c* son plus grand diamètre; il laisse ainsi la pièce fourchue *b* intercalée entre la traverse d'arrière du châssis et l'épaulement du crochet de traction. Cette pièce sert alors de point d'appui au ressort de choc, qui peut, dans ce cas, remplir ses fonctions ordinaires sans transmettre aucun mouvement au frein. On comprend qu'étant dans cette dernière position le train peut être refoulé sans que le frein s'y oppose.

En outre, on remarque un ressort de rappel *rr*, agissant au moyen d'une bielle *g*. Sur la tige du crochet de traction, ce ressort a pour mission de ramener à sa place le ressort de choc et de desserrer le frein. Il empêche aussi que la rentrée des tampons, et par conséquent l'action du frein, ait lieu sous une faible pression.

La commission, chargée par le ministre d'examiner le frein automoteur de M. Guérin, termine ainsi son rapport :

Considérant : 1° que le système de M. Guérin met, ainsi que cela doit être, les moyens d'arrêt à la disposition du mécanicien ;

2° Qu'il est simple en lui-même, ne modifie nullement le mode d'attelage des wagons, et laisse les freins indépendants les uns des autres, au lieu d'établir entre eux une solidarité qui les exposerait à manquer tous à la fois ;

3° Qu'il se prête parfaitement à l'application d'une force retardatrice dont l'intensité varie à volonté ;

4° Que s'il n'atteint pas la même limite de puissance théorique, que d'autres fondés sur des principes différents, il leur est bien supérieur par sa simplicité, par la certitude de son action ; en un mot, par l'ensemble des qualités pratiques;

Les membres soussignés ont l'honneur de proposer à S. Exe. le ministre :

D'appeler l'attention de MM. les administrateurs de chemins de fer sur les garanties de sécurité que présente le frein de M. Guérin, et sur les motifs très sérieux qui recommandent l'application de ce système, ou de tout autre présentant des avantages équivalents.

Planches 37 et 38.

**Appareil moteur de 450 chevaux pour le service
de la marine impériale.**

Cette machine, composée par MM. Schneider frères, et Bourdon, ingénieur en chef du Creusot, comprend deux machines à vapeur à basse pression et à double effet, à détente variable à volonté. Le grand cylindre de chaque machine a 1ᵐ,93 de diamètre, et la course du piston est de 2ᵐ,33. Il n'y a qu'une seule cheminée et qu'un seul tuyau de dégagement de la vapeur qui s'échappe par la soupape de sûreté, et chaque chaudière fournit indifféremment de la vapeur à l'une ou l'autre machine.

Seize boulons de cuivre rouge fixent l'appareil au fond du navire, une pompe à deux corps et à quatre passages sert à remplir et à vider la chaudière, et peut agir contre l'incendie. Une balustrade de fer poli forme le contour de chaque machine.

Une plate-forme de fer est placée dans tout l'espace compris entre les chaudières et la cloison de l'avant des machines, et une seconde en avant des cylindres; deux escaliers de fer servent à monter sur ces plates-formes.

Chaque machine est supportée sur une plaque générale de fondation fixée aux carlingues.

Les pièces principales sont :

A, plaque de fondation horizontale, portant d'une seule pièce le fond du condenseur.

B, plaques verticales de consolidation.

C, condenseur de quatre mètres cubes de capacité.

D, lumière du tiroir, relevé pour éviter la rentrée de l'eau dans le cylindre.

E, cylindre à vapeur de fonte alésée.

F, piston creux d'un seul morceau.

G, couvercle du cylindre d'un seul morceau.

H, tige du piston.

II, petites soupapes de sûreté contre le choc du piston sur l'eau, et pour décharge par un jet de vapeur après soulèvement à la main.

J, tiroirs pour la distribution.

K, tuyau d'injection.

L, tuyau servant de bâche d'eau chaude à la pompe à air, donnant de l'eau à la pompe alimentaire qui lui rend l'excédant par la soupape M, et rejette à la mer, par un écoulement qui rend continu l'air comprimé dans la partie supérieure, l'eau qui ne peut plus être utilisée.

M, soupape.

N, soupape toujours ouverte quand la machine fonctionne, et fermée pour empêcher l'eau de rentrer.

OO, traverse de fer.

P, bielle du cylindre à vapeur.

Q, bielle de la manivelle.

R, balancier mobile sur un axe fixe.

S, manivelles de fer forgé.

T, arbre moteur de 44 centimètres de diamètre.

U, plaques principales et parallèles de l'entablement en deux pièces, dont la séparation est en X.

Y, traverses de liaison.

Pl. 37.

APPAREIL MOTEUR DE 450 CHEVAUX

Pour le service de la Marine Impériale.

Plan

Pl. 58.

APPAREIL MOTEUR DE 450 CHEVAUX

Pour le service de la Marine Impériale.

Élévation   Coupe

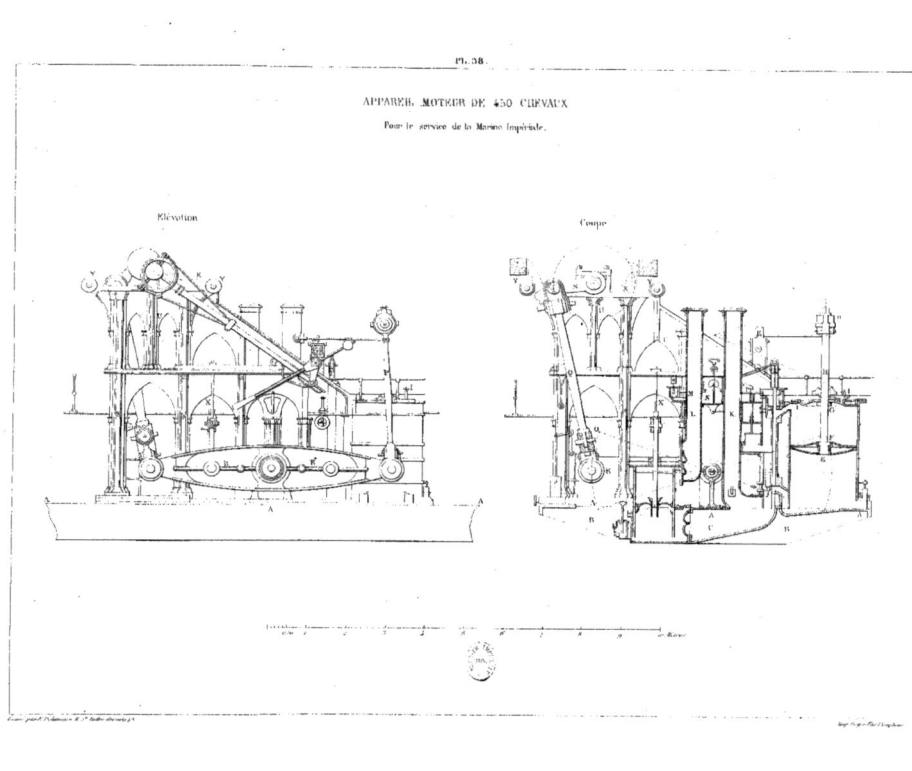

Pl. 38.

TRACTEUR de Mr Arnoux.

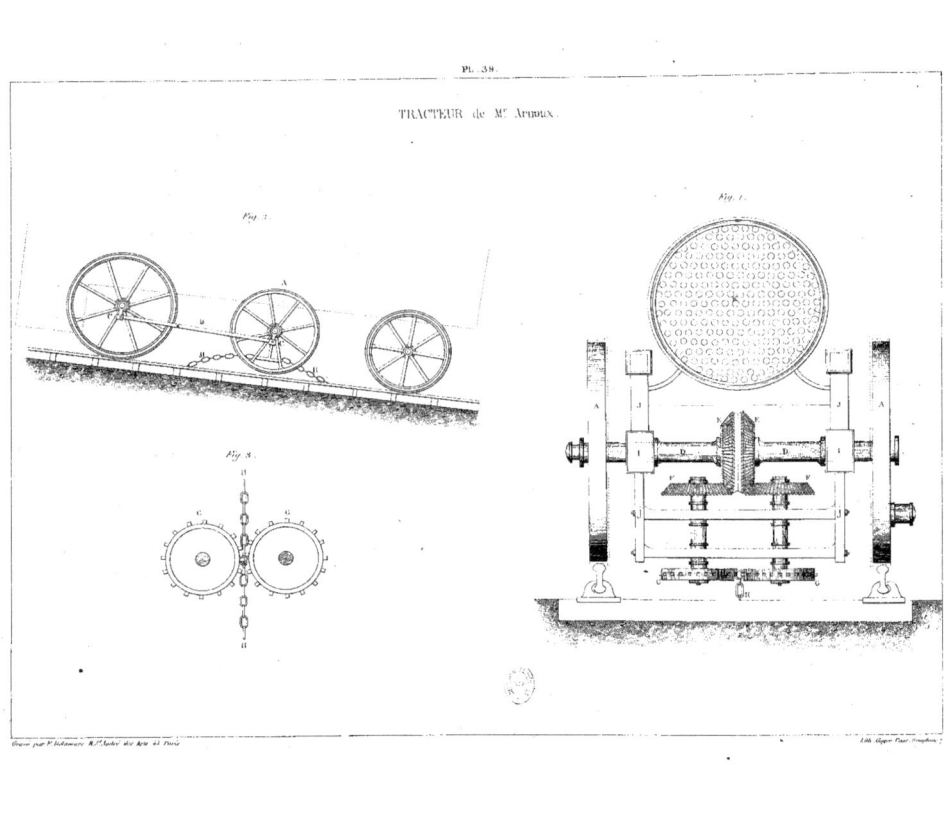

Fig. 2.

Fig. 3.

Fig. 1.

Gravé par F. Schœnner M.r des Arts et. Paris.   Lith. Alqar. Paul. Dauphin .

Tracteur de M. Arnoux.

Locomotive ordinaire munie de quelques pièces particulières, construite pour remplacer la machine pneumatique du chemin de fer atmosphérique de Saint-Germain.

La roue motrice A (fig. 1 et 2) du milieu est de même diamètre que celle de devant avec laquelle elle est couplée, ou rendue solidaire par une bielle B et les manivelles CC.

Les roues motrices A, privées de bandages, ne touchent pas les rails et ne servent que de volants. Les quatre autres roues roulent sur la voie ferrée et ne servent que de support à la machine qu'elles aident à gravir la rampe.

Sur l'essieu moteur DD sont fixées deux roues d'angle EE, servant à commander deux pignons d'engrenage FF placés horizontalement.

Au centre de ces deux pignons sont calés les axes ou essieux de deux poulies dentées GG, de manière que celles-ci soient presque tangentes, mais cependant assez écartées, de façon à laisser passage à une chaîne de fer forgé H.

L'essieu moteur DD tourne librement dans les boîtes à graisse II. Les axes des roues FF tournent de même dans des traverses fixées aux longerons JJ.

La machine ainsi accrochée après la chaîne et mise en mouvement détermine donc celui des poulies GG, et remorque le train.

K, coupe de la chaudière.

La figure 3 indique le plan des poulies dentées GG et la position de la chaîne H, prise dans l'engrenage.

Cette machine, qui paraissait devoir remplir les conditions pour lesquelles elle avait été faite, n'a cependant pas répondu par l'usage à ce qu'on en attendait. Dans les expériences d'essai, la chaîne a cassé, et l'on a dû renoncer à son emploi. Nous reproduisons cette machine parce qu'elle offre une combinaison assez nouvelle qui peut être appliquée à un autre usage.

Broyeur à plâtre.

Cette machine se compose, en général, d'un volant broyeur ou roue de fonte traînant un chariot à griffes de fer et tournant sur le plâtre dans un bassin ou auge circulaire, dont les bords sont formés de deux cercles de fonte de diamètres inégaux.

Le bassin est posé sur un plancher troué ou sur des supports en charpente, le plâtre pulvérisé est recueilli dans un entonnoir et conduit par une trémie ou un tuyau au magasin. On a donné au broyeur plusieurs formes, et il peut produire du plâtre pulvérisé à des degrés de différentes finesses. Il est mû par un cheval, l'extrémité de l'essieu ou arbre de couche, opposée à celle où est attaché le cheval, correspond par un collier à un pivot ou à un arbre vertical, situé au centre des cercles et supporté par des branches de fer partant de la circonférence du bord intérieur du bassin.

Dans la figure 1, le volant broyeur A est posé sur le fond du bassin C, garni de lames de fer B, espacées suivant que l'on veut obtenir du plâtre gros ou du plâtre fin et à travers lesquelles ce plâtre s'écoule pulvérisé et se rend au dépôt ou magasin par une trémise H.

D, chariot armé de griffes de fer qui tournent avec l'arbre de couche F, au moyen de tirans de fer *f* et de chaînes *g*, et ramènent constamment le plâtre sous le volant broyeur. — E, plaque de tôle.

G, arbre vertical scellé dans le plancher haut.

Avec ce broyeur, de 2",50 de diamètre et 3 millimètres d'écartement des lames du fond du bassin, on obtient 30 hectolitres de plâtre tamisé, ou 45 hectolitres de plâtre ordinaire dans une heure.

Dans la figure 2, il n'y a pas de lames de fer au fond du bassin C; le plâtre broyé est ramassé par des pelles de tôle I qui, en s'élevant et s'abaissant successivement au moyen d'une galerie, ou barre de fer rond, sinueuse J, verse ce plâtre sur un tamis de toile métallique K au travers duquel il passe, pour s'écouler par l'ouverture inférieure H, et le produit est d'autant plus fin que les fils de la toile métallique sont serrés.

La figure 3 présente un broyeur qui n'a pas d'arbre vertical, mais un pivot L central soutenu par quatre supports de fer *m*.

M. Jannot, serrurier mécanicien à Triel (Seine-et-Oise), fabrique avec succès les broyeurs de plâtre, et s'attache constamment à leur perfectionnement.

PL. 40

BROYEURS DE PLATRE

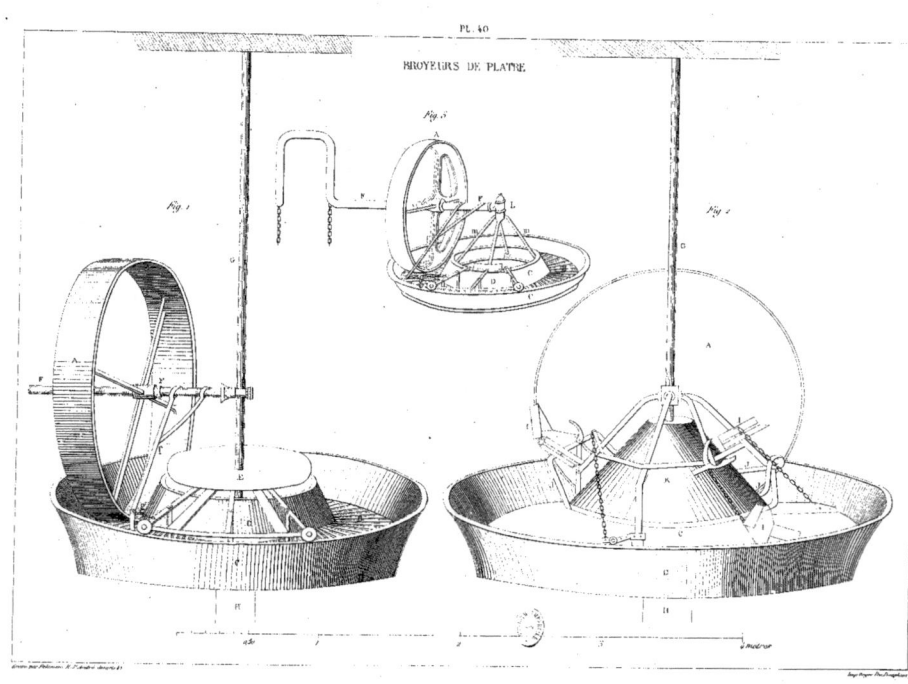

www.ingramcontent.com/pod-product-compliance
Lightning Source LLC
Chambersburg PA
CBHW071601220526

45469CB00003B/1089